文小通 编著
中采绘画 绘

论语不用背

一读就懂 一学就会

光明日报出版社

图书在版编目（CIP）数据

论语不用背 / 文小通编著 ; 中采绘画绘. -- 北京 : 光明日报出版社, 2025. 3. --（一读就懂一学就会）.
ISBN 978-7-5194-8539-9

Ⅰ. B222.2-49

中国国家版本馆CIP数据核字第2025RU6515号

论语不用背

LUNYU BUYONG BEI

编　　著：文小通
绘　　者：中采绘画

责任编辑：徐　蔚　　　责任校对：孙　展
特约编辑：王共轩　　　责任印制：曹　净
封面设计：李果果

出版发行：光明日报出版社
地　　址：北京市西城区永安路106号，100050
电　　话：010-63169890（咨询），010-63131930（邮购）
传　　真：010-63131930
网　　址：http://book.gmw.cn
E － mail：gmrbcbs@gmw.cn
法律顾问：北京市兰台律师事务所龚柳方律师

印　　刷：天津裕同印刷有限公司
装　　订：天津裕同印刷有限公司
本书如有破损、缺页、装订错误，请与本社联系调换，电话：010-63131930

开　　本：170mm × 240mm　　　印　　张：13.75
字　　数：154千字
版　　次：2025年3月第1版
印　　次：2025年3月第1次印刷
书　　号：ISBN 978-7-5194-8539-9

定　　价：58.00元

目录

kǒng
孔
zǐ
子

孔子出生

孔子的祖先是商纣王的哥哥微子启，微子启及其后代被周天子封在了宋国。而到孔子的父亲叔梁纥（hé）这一代，他为了躲避宋国的战乱逃到了鲁国陬（zōu）邑（今山东曲阜东南）安家落户。

叔梁纥曾经担任过陬邑的大夫，而且还是鲁国著名的勇士，立下过赫赫战功。叔梁纥的妻子施氏为他生了九个女儿，这些女儿在当时的封建社会不能继承家业。

叔梁纥的小妾终于为他生了长子孟皮。只可惜孟皮天生残疾，腿脚不好，叔梁纥对此很不满意。

拥有一个健康的儿子成了叔梁纥的执念，于是他又向鲁国颜氏求亲，颜氏的三个女儿中只有小女儿颜徵（zhēng）在愿意嫁给叔梁纥。可是此时颜徵在只有二十岁，叔梁纥已经七十多岁，比老丈人年龄都大，按照当时的法律和礼仪，这两个人

连“结婚证”都领不了。

跨过法律和礼仪的约束，两个人还是生活在了一起，最终在公元前551年生下了一个健康的儿子。这个孩子刚出生时头顶有个坑，又因其母曾祷于尼丘山，于是起名叫“孔丘”，字“仲尼”。

扩展知识

叔梁纥扛千斤闸

公元前563年，以晋国为首的十三国诸侯联军出兵讨伐偪（fú）阳国。鲁国负责攻打偪阳国北门，偪阳国将士假装不敌，放鲁军入城，大约一半鲁军进城时，闸门开始下落。叔梁纥意识到中计了，立刻丢下武器冲了上去，以自己的肉身扛起了千斤重的闸门。等到鲁军全部退出城，叔梁纥对偪阳国追兵大喝：“鲁国上将叔梁纥在此！趁我尚未放手，想出城的，尽管过去！”偪阳国军士纷纷后退，无人敢前进一步。

勤学改命

孔子三岁时，父亲叔梁纥去世。十七岁的时候，母亲颜徵在也离他而去了。孔子把双亲合葬在了防山。

不久后，鲁国季孙氏请贵族们吃饭，孔子觉得自己的父亲是陬邑大夫，自己也算是贵族，便去赴宴了，结果却被季孙氏的家臣阳虎挡在了门外，因为他觉得孔子不像是个贵族。

经过这件事，孔子便发奋学习，逐渐变得博学多才，君子六艺样样精通。

公元前533年，孔子十九岁，迎娶了宋国亓官氏的女儿为妻。一年后，儿子孔鲤出生。鲁昭公听说了这事，派人送来一条大鲤鱼祝贺。

三年前，阳虎对孔子爱搭不理，不承认他贵族的身份；三年后，孔子让阳虎高攀不起，被国君以礼相待。

这之后，孔子终于有机会为国家做事了。虽然一开始都是做管理仓库、放牛放羊之类的杂活，孔子也丝毫不松懈，认真完成。

扩展知识

文武双全孔夫子

孔子在文化方面颇有建树，身体方面也继承了父亲的基因。根据《史记》记载，孔子身高九尺六寸，超过一百九十厘米。而且孔子的身体素质极强，《淮南子》中说孔子跑得比兔子还快，力气大到能抬起城门。而且他的武功极高，在当时的君子六艺中，便有射箭和驾车两项。孔子表演射箭时，围观者不计其数。而孔子自称驾车的本领更在射箭之上。

创办私学

公元前521年，孔子开始自主创业，创办了中国历史上第一所私立学校，由此开启了他的教书育人生涯。

在春秋时期，只有贵族阶层才有读书识字的机会，但孔子却选择了亲民路线，致力于普及教育。

据说，只需献上一束肉干就可以成为孔子的学生，因此无论学生从事何种职业，只要有求学之心，都有机会进入学校学习。

课程内容主要包括“六艺”，即礼、乐、射、御、书、数。这些原本是贵族的专属课程，但孔子让更多普通百姓也有机会学习这些内容。

此外，孔子采用精心设计的教育方法，针对学生的不同特点采用个性化的教学方式，而非一刀切的统一教学。

论语说

【原文】

子路问："闻斯行诸？"子曰："有父兄在，如之何其闻斯行之？"

冉有问："闻斯行诸？"子曰："闻斯行之。

公西华曰："由也问闻斯行诸，子曰，'有父兄在'；求也问闻斯行诸，子曰，'闻斯行之'。赤也惑，敢问。子曰："求也退，故进之；由也兼人，故退之。"

——《论语·先进》

【译文】

子路问："听到了就行动起来吗？"孔子说："有父亲兄弟在，怎么能（不请示父兄）听到就立刻去做呢？"

冉有问："听到了就行动起来吗？"孔子说："听到了就行动起来。"

公西华说："仲由问'听到了就行动起来吗？'您回答说'有父亲兄弟在'，冉求问'听到了就行动起来吗？'您回答'听到了就行动起来'。我被弄糊涂了，敢再问个明白。"孔子说："冉求平日做事退缩，所以我激励他；仲由好勇胜人，所以我要约束他。"

【原文】

季文子三思而后行。子闻之，曰："再，斯可矣。

——《论语·公冶长》

【译文】

季文子每次做事的时候都要考虑很多次才行动。孔子听到了，说："考虑两次就可以了。"

【赏析】

孔子的教学水平之高明，在于他能够针对不同学生的情况提供不同的建议，即使他们面对同样的问题。

孔老师一生致力于教书育人，弟子越来越多。弟子又收弟子，最终孔子门下有三千多名学生。其中努力学习、成绩最为优秀的七十二个，被称为"孔门七十二贤"；其中又有十名学生，被孔子高度赞赏，经常开小灶加课的，被称为"孔门十哲"。

扩展知识

束脩（xiū）之礼

古代学生与教师初见面时，必须先奉上礼物，也就是学费，表示敬意。这也就是后来所说的“束脩之礼”，“束脩”就是猪肉干。再后来转变成六礼束脩：肉干（谢师恩）、芹菜（业精于勤）、龙眼干（启窍生智）、莲子（苦心教学）、红枣（早日高中）、红豆（大展宏图）。

看《论语》学成语

因材施教（yīn cái shī jiào） 指教师要从学生的实际情况、个别差异出发，有的放矢地进行有差别的教学，使每个学生都能扬长避短，获得最佳发展。

三思而后行（sān sī ér hòu xíng） 指经过反复考虑，然后再去做。

孔子适齐

公元前517年，鲁国的“三桓”驱逐了鲁昭公。鲁昭公被迫流亡到了齐国。

孔子坚决拥护天子和诸侯国国君的权力，反对乱臣贼子专权。像“三桓”这种犯上作乱的行为，完全不合乎礼法。孔子一气之下离开鲁国，跑去了齐国。

齐国是当时首屈一指的大国。当时在位的齐景公也十分赏识孔子，向孔子询问治理国家的办法。

论语说

【原文】

齐景公问政于孔子。孔子对曰：“君君，臣臣，父父，子子。”公曰：“善哉！信如君不君，臣不臣，父不父，子不子，虽有粟，吾得而食诸？”

——《论语·颜渊》

【译文】

齐景公问孔子如何治理国家。孔子说：“做国君的要像个国君，做臣子的要像个臣子，做父亲的要像个父亲，做儿子的要像个儿子。”齐景公说：“说得好哇！如果国君不像国君，臣子不像臣子，父亲不像父亲，儿子不像儿子，即使有粮食，我还能吃得下饭吗？”

【赏析】

孔子认为，若想维护社会秩序的正常运行，需要建立一套完整而森严的上下等级关系，体现出封建伦理关系。

过了一段时间，齐景公再一次向孔子询问治国的方法。这次孔子说：“治理国家，最重要的是节约财政。”

齐景公听了孔子的看法，很认可，想给孔子封地，还想让齐国上下都学习孔子的思想。但齐国大夫晏婴不喜欢孔子，有人说可能是因为身高，实际上，晏婴是觉得孔子的思想都是些繁文缛节，用来治理国家并不合适。

久而久之，齐国的其他臣子也对孔子有了一定偏见。最终，齐景公也对孔子说：“我岁数大了，不能再用你了。”

在各方面的压力下，孔子只得离开了齐国，回到鲁国。

扩展知识

春秋小巨人——晏婴

晏婴，字平仲，是春秋时期齐国的大夫，也是该国的重要政治家。尽管与君王曾有争执，与孔子也曾有口角，但他虽身形矮小却能够担任重要职务，在齐国担任了五十余年大夫，跨越了三个朝代，可以说是一位不可多得的勤勉工作者。他以卓越的政治洞察力、外交才能和朴素的作风而闻名于世，且聪明机智，善于辩论。他在国内助力国家政务，多次忠言逆君，为齐国的统治者提供了建设性的建议。在对外事务中，他既灵活应对，又坚守原则，出使时严守尊严，捍卫了齐国的国家形象和威仪。此外，广为人知的典故，比如“挂羊头卖狗肉”“二桃杀三士”“晏子使楚”等都和晏婴有关。

看《论语》学成语

二桃杀三士（èr táo shā sān shì） 比喻用计谋杀人，后多比喻不够分配的奖励使人争斗。

挂羊头卖狗肉（guà yáng tóu mài gǒu ròu） 比喻用好的名义作幌子，实际上做坏事。也泛指用好的名义欺骗人，名不符实。

夹谷之会

公元前500年，鲁国和齐国商定在夹谷举行盟会，被称作“夹谷之会”。

齐国声称这次盟会是友好的，因此鲁定公决定不带军队前往。然而，孔子持谨慎态度，坚持要求鲁定公带武官和军队前往。果然，齐国早已制订计划，意图在盟会中挟持鲁定公。孔子精通礼仪，且曾访问过齐国，是鲁国方面主持盟会的理想人选。因此，他陪同鲁定公前往盟会。

齐国人普遍认为“孔丘知礼而无勇”，得知鲁国派遣的代表是孔子后，更加确信他们的计划一定能成功。他们在一个宽阔地带搭起了盟台，齐景公和鲁定公登上高台，随从们则依次在台阶下待命。双方进行敬酒行礼后，齐国派出一群莱地舞者表演歌舞。这些人都是齐国的“野蛮人”，手持武器，闹哄哄地冲了上来。他们早已接到指示，打算趁机挟持鲁定公。

孔子在危急时刻迅速登上高台，抬起袍袖深施一礼，高声说道：“我们两个文明大国的国君在此进行友好相会，为何要表演如此不合礼数的歌舞？我请求立即将这些人撤下去！”齐景公内心感到愧疚，也对面前这位身高近两米的大个子感到恐惧，只好挥手示意这些人离开。

盟会开始后，齐国人提出："在本次盟会后，如果齐国军队外出作战，鲁国必须出动三百辆战车随行。"孔子立即反击道："在本次盟会后，齐国必须归还先前侵占的鲁国土地！"

盟誓结束后，齐景公故意拖延时间，想再次欺负鲁国，于是命令继续奏乐，自己则端着酒杯过去向鲁定公敬酒。孔子以不合礼数为由拒绝了齐景公的请求，迅速与鲁定公返回了鲁国。

盟会结束后，齐景公越想越恼怒：在孔子的辅佐下，鲁君表现得既不卑不亢、礼乐得体，也毫不吃亏；而自己手下的人竟然出了一些坏主意，显示出齐国的粗鲁无礼，丢尽了自己作为国君的脸面。

如此一来，在夹谷之会上，孔子充分展现了他文武兼备的综合素养，以及杰出的政治才华。毫无疑问，这次盟会成为孔子政治生涯中的“巅峰时刻”。

看《论语》学成语

折冲樽俎（zhé chōng zūn zǔ） 指在宴席中运用策略取得战略胜利。也指通过外交谈判制敌取胜。

堕三都

当时的鲁国政治结构如下：国君下设“三桓”，分别为孟孙氏、叔孙氏和季孙氏。在这三桓中，季孙氏的势力最为强大，许多孔子的学生包括冉雍、冉求、子路等人都在季孙氏家里打工。

而季桓子做了一件惹恼孔子的事情，那就是在庭院中进行了“八佾（yì）舞”的表演。

在古代的乐舞演出中，“佾”指乐舞的行列，且行数、人数纵横皆相同。根据周礼的规定，地位更高的人可以观赏更大规模的表演，也就是佾的数量更多。因此，只有国君级别的人才有资格欣赏八佾的乐舞，而大臣最多只能观看四佾的乐舞。

然而，季桓子已经掌握了鲁国的朝政，不仅让国君失去了颜面，还无视礼法，私自在家中举办八佾的乐舞表演。孔子听说这事后非常气愤。

论语说

【原文】

孔子谓季氏，“八佾（yì）舞于庭，是可忍也，孰不可忍也？”

——《论语·八佾》

【译文】

孔子谈到季桓子，说他用天子才能用的八佾在庭院中奏乐舞蹈，这样的事如果都可以容忍，还有什么事情不可以容忍呢？

【赏析】

春秋末期，礼崩乐坏，违犯周礼、犯上作乱的事情不断发生，这是封建制代替奴隶制过程中的必然表现。季桓子用八佾舞于庭院，是典型的破坏周礼的事件。对此，孔子表现出极大的愤慨，这句话反映了孔子对此事的基本态度。

孔子从季桓子对待礼乐的态度中看出，这些人并不懂得礼仪，也不明白“仁”的含义。

论语说

【原文】

子曰："人而不仁，如礼何？人而不仁，如乐何？"

——《论语·八佾》

【译文】

孔子说："一个人如果不具备仁德，又怎么会理解周礼这样的制度呢？一个人如果不具备仁德，又怎么会懂得雅乐这种精神内核呢？"

【赏析】

音乐是一种表达人们思想和情感的方式，在古代，它也被视为礼仪的一部分。礼仪和雅乐都是外在的体现方式，而仁则代表了人内心的道德情感和要求，因此雅乐必须反映人们的仁德。在这一点上，孔子将礼仪、雅乐和仁紧密地联系在一起，认为缺乏仁德的人根本无法理解礼仪和雅乐。

孔子对这种情况感到非常不满，因此提出了一个大胆的计划——堕三都。

很多年前，鲁国国君赐给"三桓"每家一块封地，让他们在自己的封地上建造城墙，各自管理。根据礼制规定，卿大夫封地内的城墙高度不得超过一丈，长度不得超过三百丈。然而，“三桓”的城墙明显超过了这些规定。

因此，孔子认为，拆除这些“违规建筑”可以夺回国君的权力。孔子利用自己的口才成功说服叔孙氏拆除了城墙，并劝说季孙氏也同样拆除。然而，此时，孟孙氏意识到，如果拆除城墙，他们的封地将会被收回。随后，叔孙氏和季孙氏也明白了孔子的“阴谋”。

因此，孔子的“拆迁计划”宣告失败，反而导致他受到“三桓”的排挤。最终，他只得离开鲁国，带着一群学生前往其他国家找工作。

看《论语》学成语

是可忍，孰不可忍（shì kě rěn，shú bù kě rěn） 这种事都可以容忍，还有什么事不可以容忍呢？

被困匡地

公元前497年，因为受到“三桓”的排挤，孔子不得不离开鲁国前往其他国家寻找工作，这一时期被后人称为“周游列国”。

孔子和他的学生们的第一站是卫国，因为那里是子路妻子的老家，而且离鲁国很近，所以孔子决定先去那里找找机会。然而，有人在卫灵公面前对孔子进行诽谤，孔子只得离开卫国前往陈国。

在路过匡地时，当地人将孔子围困起来。原来，匡地的人曾经受到鲁国权臣阳虎的欺压。阳虎是季孙氏的家臣，曾经在孔子年轻时阻止他进入季孙氏家中赴宴。（有关详情请看“勤学改命”部分。）

匡地的人一直想要报复阳虎，却将身材高大的孔子误认为是他。

与此同时，孔子的弟子颜回在之前的混乱中迷失了方向，而孔子和他的追随者们则被匡人包围起来。然而，颜回对着手持武器、严阵以待的匡人说道：“我的老师就在里面，让我进去！”于是，匡人放颜回进入包围圈，师徒终于团聚了。

论语说

【原文】

子畏于匡，颜渊后。子曰：“吾以女为死矣。”曰：“子在，回何敢死？”

——《论语·先进》

【译文】

孔子被囚禁在匡地，颜渊后来赶来。孔子说：“我还以为你死了呢。”颜渊说：“您还活着，我怎么敢先死呢？”

【赏析】

平平无奇的几句话，并没有《论语》中其他句子那样深刻的道理，却把老师对学生的信任、担心，以及学生对老师的热爱、忠诚表达得淋漓尽致。师徒二人，这种生死与共的感情，让人动容。

被困在匡地时，孔子的弟子们都非常害怕。然而，孔子却保持镇定，说道："周文王去世后，周代的礼乐传承就全部在我这里了。如果上天愿意让这种文化消失，就不会选择我来传承它；如果上天不希望这种文化灭绝，那么这些人又能对我做些什么呢？"

孔子的话大大鼓舞了学生们，他们坚持了五天后，真相终于大白，误会得以解除。

扩展知识

陪臣执国命——阳虎

阳虎本来是季孙氏的家臣，公元前505年，阳虎和季桓子的心腹仲梁怀之间产生了矛盾。

阳虎想除掉仲梁怀，但受到了同为季孙氏家臣的公山不狃（niǔ）的阻拦。渐渐地，仲梁怀越来越傲慢，阳虎只得将他抓捕起来。这激怒了季桓子，阳虎又将季桓子也囚禁了起来。最终季桓子同意了阳虎提出的条件才被释放。自此以后，阳虎更加看不起季桓子了。

季孙氏在鲁国的权力甚至超过国君，而阳虎控制了季孙氏，也就控制了鲁国的政权。

公元前502年，阳虎计划谋杀“三桓”的嫡子，以他喜欢的庶子们取而代之。他派人利用季桓子的车辆谋杀季桓子，但季桓子成功逃脱。

此后，“三桓”联合起来反击阳虎，在阳关发动进攻。最终，阳虎战败并逃往齐国。

孔子见南子

公元前496年，孔子再次来到卫国。

有一天，南子派人前来邀请孔子前去相见。南子是卫灵公特别宠爱的小夫人，年轻貌美，同时也掌握着卫国部分权力。

从礼仪的角度来看，孔子应该避免引起误会；但南子是掌握实权的卫国夫人，如果想在卫国有所作为，就不得不与其见面。

因此，孔子只得前去拜见南子，两人隔着幔帐交谈、互相行礼，一切言谈举止都符合礼仪规范。

回到落脚处后，子路当面向老师表达了他的不满情绪。

论语说

【原文】

子见南子，子路不说。夫子矢之曰："予所否者，天厌之！天厌之！"

——《论语·雍也》

【译文】

孔子去见卫灵公夫人南子，子路不高兴。孔子发誓说："假如我做了什么不正当的事的话，让上天厌弃我吧！让上天厌弃我吧！"

【赏析】

子路感到不满，因为他认为孔子不应该与名声不佳的人交往。然而，从孔子批评卫灵公的话语"我尚未见过好德如同好色一样的人"就可以看出，孔子并非因为南子貌美而前去见她。尽管南子的名声不佳，但作为卫国夫人，她坚持要见孔子，根据礼仪规范，孔子无法直接拒绝她的请求。

有一次，孔子和卫灵公一同出行。卫灵公和南子坐在同一辆车上，并让一位他宠爱的宦官陪同。而孔子则被安排在紧随其后的第二辆车上。车队在闹市中大摇大摆地穿行。

这次出行让孔子感到十分不舒服。他觉得与卫灵公同行的是一位被宠爱的妃子和一位宦官，那么随行的他算什么身份呢？

孔子觉得自己的自尊受到了侮辱。他认为卫灵公好色而不好德，并不是一个值得追随的国君。不久之后，他便离开了卫国。

扩展知识

贤明昏君——卫灵公

通常来说，国君若无德，很可能导致国家的灭亡。然而，卫灵公却在卫国国君位置上待了整整四十一年，这与常理不符。

鲁国的当权者季康子因此询问孔子其中的原因，孔子的回答是：尽管卫灵公享乐无度，但他懂得任用人才，聘用了孔文子、祝鮀（tuó）和王孙贾这三位人才，将合适的人安排在合适的位置上，充分发挥他们各自的长处和能力。这些人也各司其职，工作出色，使得卫灵公能够成为一个无忧无虑的国君。

另外，南子也并非寻常女子，虽然她的名声不好，但她并非一个花瓶，而是一个具有政治头脑的美女，她拥有超凡的洞察力。作为一个在春秋时期名声显赫的女性政治家，她左右了卫国的政务，卫灵公对她言听计从。在他执政期间，卫国基本没有发生重大的混乱事件。

丧家之狗

过了一段时间，孔子和他的学生们踏上了前往郑国的旅程，却在途中失散了。孔子不知道应该去哪里找寻学生们，索性在城东门口等待学生们来找他。

孔子的学生们四处寻找孔子，向每一个路人打听。有一个路人对着子贡说："在东门门口有一个人，额头庄严，像尧一样；后颈高耸，犹如皋陶（yáo）；肩膀宽厚，仿佛子产；但下半身却比大禹矮了三寸。很疲惫的样子，好像一条丧家狗。难道那个人就是你们要找的孔子吗？"

子贡在那个路人说的地方找到了孔子，然后将那个路人刚才所说的转告孔子。孔子并没有生气，反而觉得这个人描述得相当贴切，他笑着说："别人对我的外貌进行评论，这并不是什么大事。至于说我像一条丧家狗，他说得没错呀！"

扩展知识

三岁看八十——姑布子卿

传说给孔子看相的人叫作姑布子卿，是春秋时期著名的相术师，后世把他奉为相人术之祖。史料中记载的姑布子卿最著名的一次相面，是在公元前500年。

这一年，子卿见赵简子，赵简子把自己的儿子们叫出来让子卿看相。子卿看了一遍，说："您这几个儿子没有一个是做将军的料。"赵简子很着急："难道我们赵家就要衰落了吗？"子卿说："我刚刚在路上见到一个年轻人，不知是不是您的儿子？"赵简子把庶出的儿子赵无恤叫了过来，子卿一见到赵无恤，立刻站起身毕恭毕敬道："这才是要做将军的人！"赵简子很疑惑："他的母亲是我家里的下人，地位卑微，怎么会有这么高贵的身份呢？"子卿摇摇头："天意如此，卑微又如何？他一定会有所作为的。"

看《论语》学成语

丧家之犬（sàng jiā zhī quǎn） 意思是无家可归的狗。比喻无处投奔、到处乱窜的人。

被困蒲邑

大约在公元前496年，孔子再次回到卫国，并在经过蒲邑时遭遇了叛变事件，被扣留在当地。

孔子的弟子公良孺身材高大，勇猛无比，对孔子说：“我从前曾与您一同在匡地受困，现在我们再次陷入困境，这或许是命中注定的。我宁可死战，也绝不屈服！”说完便冲向蒲邑人与之展开搏斗。

蒲邑人见公良孺如此勇武，为了减少损失，便表示：“只要您不前往卫国都城协助卫灵公，我们就会放您走。”

孔子答应了蒲邑人的要求，得以脱身后，立即继续前往卫国。子贡很困惑：“我们刚刚答应蒲邑人不去卫国，您又为何立即打破诺言呢？”

孔子回答道：“被迫做出的盟约，即便是神明也不会遵守，更何况是人呢？”

卫灵公获悉孔子回归后感到非常高兴，亲自前往郊外迎接。他向孔子询问："蒲邑发生叛变，我们是否可以派兵平叛？"

孔子回答称"可以"。

卫灵公表示："我手下的大夫们却认为不可行。他们认为蒲邑对卫国在防备晋国和楚国方面起着关键作用，因此大规模动用武力攻打同胞并不妥当。"

孔子解释道："我们并不需要大规模动用武力，只需抓住几个首要人物即可。"

尽管卫灵公同意了孔子的建议，但最终并未派兵前去。

由于卫灵公年事已高，无力处理烦琐的政务。孔子终究未能得到施展才华的机会。

论语说

【原文】

子曰："苟有用我者，期月而已可也，三年有成。"

——《论语·子路》

【译文】

孔子说："假如有人用我主持国家政事，一年之内就可以见到成效了，三年便能获得成功。"

【赏析】

整治混乱、调整秩序需要时间，一年的努力可以初见成效，而三年的努力则可以取得显著的成果。在政治层面上，孔子所说的并非虚言。然而，国家治理的关键在于民生。实现繁荣富裕的民生需要着眼于造福人民的策略。制定合理的政策比单纯依赖有德之人执政更为重要。只有通过持久不变的规则和制度，国家才能实现可持续的发展。

最终，孔子再一次离开了卫国。

扩展知识

三省吾身——蘧（qú）伯玉

孔子在周游列国期间数次来到卫国，是因为一个人，他就是蘧伯玉。

蘧伯玉名叫蘧瑗（yuàn），字伯玉，春秋时期卫国大夫。他是孔子的朋友，也是道家“无为而治”理论的开创者。孔子周游列国、走投无路之际，数次投奔蘧伯玉。孔子称蘧伯玉是真正的君子，如果君王是个明君，他就做官辅佐朝政，倾力为国；如果君王是个昏君，他就心怀正气，归隐山林。

蘧伯玉是一位富于自省精神的人。有一天，他派人前来拜访孔子，孔子询问了他的近况。这些人回答道：“他一直在尝试减少自己的缺点，但对此感到困惑。”离开后，孔子对他的弟子说：“这个人对蘧伯玉有深刻的了解。”蘧伯玉每天都在反思前一天犯下的错误，努力超越昨天的自己。他每年都会反思过去一年的不足，甚至在五十岁时，仍然反思之前所犯的错误。

看《论语》学成语

三省吾身（sān xǐng wú shēn） 原指每日从三方面检查自己，后指多次自觉地检查自己。

厄于陈蔡

在接下来的一段时间里，孔子依然在各国之间奔波，从陈国到蔡国，再从蔡国到叶邑。

有一天，叶公询问子路："孔子是怎样的人？"子路一时答不上来，而孔子得知了这件事。

论语说

【原文】

叶公问孔子于子路，子路不对。子曰："女奚不曰，其为人也，发愤忘食，乐以忘忧，不知老之将至云尔。"

——《论语·述而》

【译文】

叶公向子路问孔子是个什么样的人，子路不知如何回答。孔子对子路说："你为什么不这样说，'他的为人啊，发愤用功到忘记了吃饭，快乐得忘记了忧愁，不知道衰老将要到来，如此而已。'"

【赏析】

孔子通过阅读和学习深刻体会到了无尽的快乐，是典型的现实主义者和乐观主义者。他不为周围的琐事而困扰，展现出了积极向上的精神风貌。

公元前489年，孔子居住在陈国和蔡国的交界处。当时，楚国国君得知此事，想邀请孔子到楚国任官。孔子想要接受这份礼遇，然而陈国和蔡国的大夫们却不淡定了。孔子对他们的执政不满意很久了，如果孔子被楚国重用，他们哪里还有好日子过？

于是，这些人联合起来，把孔子和他的学生们困在陈国和蔡国交界处的野外，企图让他们饿死。孔子和他的学生们陷入了困境，几乎断粮，有些人甚至已经站不起来。在众人都感到绝望的时候，孔子仍然如往常一样讲课、朗诵、弹琴、唱歌。

耿直的子路不明白为何命运如此对待仁义之人，于是前来向孔子提问。

论语说

【原文】

在陈绝粮，从者病，莫能兴。子路愠见曰：“君子亦有穷乎？”子曰：“君子固穷，小人穷斯滥矣。”

——《论语·卫灵公》

【译文】

孔子在陈国某地断绝了粮食，跟从的人都病了，躺着不能起来。子路生气地来见孔子说：“君子也有困窘没有办法的时候吗？”孔子说：“君子在困窘时还能固守正道，小人一困窘就会胡作非为。”

【赏析】

子路的愤怒并非毫无道理，一心秉持德行和操守的他却陷入困境，感到一筹莫展。与此同时，行恶多端的人却过着奢华的生活，这让他开始质疑自己一直所坚守的信念。在人生中，难免会遇到困境。面对挫折，孔子认为坚守理想和操守至关重要。

事后，孔子派擅长外交的子贡前往楚国求援，才最终结束了这次困厄。抵达楚国后，楚昭王想要重用孔子，并准备给他七百里的封地。然而，这一想法遭到了令尹子西的强烈反对。

子西向楚昭王提出质问：你有像子贡这样能言善辩的使臣吗？有像颜回这样博学多才的辅助之人吗？有像子路这样刚毅

勇猛的将军吗？有像宰予这样精明能干的官员吗？你这是要让他建立自己的国家吗？楚昭王觉得这番话说得有道理，于是放弃了给予孔子封地的想法。因此，孔子直到楚昭王去世也未能得到任用。

扩展知识

二让王位熊子西

子西是楚国王室出身，本名熊申，是楚平王的庶长子，楚昭王的哥哥。

公元前516年，楚平王去世后，令尹子常想让子西做楚王，子西痛斥子常一顿，说这是乱国之举，最终还是拥立太子做了楚王。

公元前505年，子西在吴破楚入郢（yǐng）之战中收拢溃军、重整旗鼓，多次击败吴军，为楚国的复国立下了汗马功劳。之后，子西担任了楚国令尹，从各方面发起改革，加速了楚国的复兴。

公元前489年，楚昭王病重，想传位给子西。而子西又一次拒绝了传位，拥立楚昭王的儿子楚惠王即位。

公元前479年，楚国白公胜发起叛乱，子西被杀。

看《论语》学成语

jūn zǐ gù qióng
君子固穷 指君子虽然有穷困之时，但能够安贫乐道，不失节操。

lè yǐ wàng yōu
乐以忘忧 指由于快乐而忘记了忧愁，形容非常快乐。

fā fèn wàng shí
发愤忘食 指努力学习或工作，连吃饭都忘了，常用于形容十分勤奋。

回归鲁国

公元前492年，季桓子病重，乘车出行时远远看见了鲁国都城。他顿感触动，情不自禁地说："鲁国本可以兴盛起来，全是因为我得罪了孔子，才导致国家陷入如此境地啊！"

说完，他嘱咐身旁的儿子季康子："等我去世后，你要成为鲁国的宰相，务必请孔子回来！"

季桓子与孔子的矛盾并非深仇大恨，只是不同政治派系之间的斗争。季桓子实际上对孔子的才能非常佩服，只是因为面子问题才没有亲自前去请孔子回国。

不久之后，季桓子去世，季康子接管了鲁国的政务，首先就召回了孔子的学生冉求。

公元前484年，齐国与鲁国爆发战争，冉求带领鲁军与齐军交战，并获得了大胜。季康子赞扬道："冉将军，你的军事才能确实可称为当世英杰。"

冉求说："不，这一切都是我恩师孔子教给我的。"

季康子想起了父亲临终前的嘱托，于是问冉求："我想请孔子回鲁国，是否可行？"

冉求回答道："只要不听信小人之言就可以。"

就这样，年近七旬的孔子在漂泊十四年之后终于名正言顺地回到了故乡。

扩展知识

季康子拒吴

在那个时候，吴国的国力强盛，渴望称霸中原。为此，他们首先试探了中原诸侯，要求鲁国供奉一百牢（一牢指猪、牛、羊各一头，而向天子供奉也只有十二牢）。

当吴国得到鲁国供奉的百牢后，国内士气高涨，太宰伯嚭（pǐ）想要鲁国的权臣季康子前来向他献媚。然而，季康子认为这个蛮夷之国肯定无法称霸，所以派子贡去处理此事。

太宰伯嚭对此很不满："鲁国公都在这里，季康子是臣子，为何不能亲自过来呢？这符合礼法吗？”

子贡回答道：“我们怎么敢违背礼法呢？只是如果一个大国都不遵循礼法，我们自然要效仿。而且，我们的国君就在这里。作为国家重臣，我家主人离开鲁国，国家将无人守卫。此外，吴国的先祖以周礼治理蛮夷，可是他的后代却效仿了蛮夷。这样做还能称为依照礼法行事吗？”

圣贤陨落

孔子终于回到了鲁国，鲁哀公和季康子对他非常尊敬，但仍未重用他，只将其视为政治顾问而已。孔子很快接受了这个现实，并全身心地投入文献整理的工作中。正是因为他的努力，《诗经》《尚书》《礼记》《乐经》《易经》《春秋》等经典著作才得以保存下来。

当孔子七十一岁时，鲁哀公在狩猎时捕获了一种罕见的动物，所有人都对其不知所措。唯独孔子认出这是一只麒麟。孔子将麒麟带回来，却深感悲伤。麒麟被视为瑞兽，难得一见，但它已经死去了。孔子认为这是命运在暗示他生命即将走向尽头，自己的政治理想也再无法实现了。在不久前，孔子唯一的儿子孔鲤去世；而在当年，他最欣赏的学生颜回也离世了；一年后，他最器重的学生子路又先他而去。这一系列打击让孔子心力交瘁，身体日渐衰弱。

公元前479年4月11日，中国伟大的圣人孔子离开了人世，享年七十三岁。

论语说

【原文】

子曰："吾十有五而志于学，三十而立，四十而不惑，五十而知天命，六十而耳顺，七十而从心所欲，不逾矩。"

——《论语·为政》

【译文】

孔子说："我十五岁立志学习；三十岁时能自立于世；四十岁遇到事情不再感到困惑；五十岁就知道哪些是不能为人力支配的事情而乐知天命；六十岁能正确对待各种言论，不觉得不能接受；七十岁能随心所欲而不越出规矩。"

【赏析】

这是孔子对自己学习和修养过程的述说。这个过程见证了随着年龄增长，思想境界逐步提高的变化。

整个过程可以分为三个阶段：

十五岁到四十岁是学习领会的阶段；五十岁到六十岁是安心立命的阶段，也就是不受环境左右的阶段；七十岁则是主观意识和做人的规则融合为一的阶段。在这个阶段中，道德修养达到了最高的境界。

孔子的道德修养过程有其合理性：

首先，他认识到人的道德修养不是一朝一夕之事，不能一蹴而就，也不能急于求成，而是需要经过长时间的学习和锻炼，需要循序渐进。其次，道德的最高境界是思想和言行的融合，自觉地遵守道德规范，而不是勉强去做。这两点对任何人都具有普遍适用性。

扩展知识

祥瑞之兽——麒麟

麒麟是中国古代神话中的一种瑞兽，与龙、凤、龟、貔貅并称为五大瑞兽。

在《瑞应图》中记载，麒麟长着羊头、狼脚，头顶是圆形的，身上呈现丰富的色彩，高达两米左右。另外，《说文解字·十》中描述麒麟的身体像麝鹿，尾巴则类似于龙的尾巴，还拥有龙鳞和一只角。

麒麟与儒家文化的关联不仅体现于其被赋予的政治象征意义，更贯穿于形象美学的历史演变之中。

作为承载着对仁德圣王理想化期许的祥瑞图腾，麒麟从麟趾的方正雍容、麟角的独标高格等局部特质，升华为“动合规矩、仁及草木”的德行典范，最终登顶古代祥瑞体系的核心象征。

其造型演变轨迹尤具深意：汉唐时期强调“威仪与仁德”的形神统一，至明清阶段则通过角生肉瘤、体覆龙鳞的异化改造，逐步向皇权符号靠拢，这种从道德具象到权力符码的转化过程，恰是传统神兽体系嬗变的历史缩影。

看《论语》学成语

三十而立（sān shí ér lì） 指人在三十岁前后有所成就。

四十不惑（sì shí bú huò） 意思是经历了许多，已经有自己的判断力。

从心所欲（cóng xīn suǒ yù） 原指在礼教法度范围内，顺遂着心意自由地行动处世；现可泛指任凭自己的意愿，想要怎样就怎样。

温故知新（wēn gù zhī xīn） 原义是温习学过的知识，得到新的理解和心得，也指回顾历史，对现在有新的指导意义。

yán 颜 huí 回 zǐ 子 yuān 渊

投师孔子

颜回，字子渊，被后世尊称为“复圣”，“孔门七十二贤”之首。

颜回的父亲叫颜路，也是孔子的学生，颜回十三岁就被父亲带来一起听孔老师讲课。颜回就是那种聪明而且特别努力的学生，最重要的是让老师省心，不需要在他身上多费口舌。由于太过省心，在孔老师讲课的时候颜回多数时间一言不发，不提意见也不提问题，以至于孔老师以为他是傻的。

论语说

【原文】

子曰：“吾与回言终日，不违，如愚。退而省其私，亦足以发，回也不愚。”

——《论语·为政》

【译文】

孔子说："我给颜回上课，一整天下来他都不提任何反对意见和疑问，像个笨学生。等他回去后，我观察他的言行举止时，却能发挥我所讲的知识，可见他并不笨啊！"

【赏析】

颜回展现出一种大智若愚的特质。在孔子授课时，他不急于表达自己的见解，也不追求炫耀自己的机智和敏捷，显得十分沉默。因此，一开始孔子对他的印象是一个迟钝愚笨的人。然而，孔子后来观察颜回的言行举止，能够在理解的基础上进行创造性发挥。从最初的"愚"到逐渐被认识为"不愚"，这是孔子对颜回认识的一个过程。

孔老师为了验证这一点，还特地去问子贡："你和颜回比谁更聪明？"子贡是孔门中最能言善辩的学生。

论语说

【原文】

子谓子贡曰："女与回也孰愈？"对曰："赐也何敢望回？回也闻一以知十，赐也闻一以知二。"子曰："弗如也；吾与女弗如也。"

——《论语·公冶长》

【译文】

孔子对子贡说："你和颜回相比，谁聪明些？"子贡回答说："我怎么能和颜回相比？颜回听到一件事就可以推知十件事；我听到一件事，只能推知两件事。"孔子说："你是不如他，我和你都不如他啊！"

【赏析】

颜回是孔子最为重视的学生之一。他不仅刻苦学习，而且善于将各种知识融会贯通，对于一项道理的理解能够达到深刻透彻的程度，且能够触类旁通，不遗漏任何细节。即使是子贡这样以敏锐才智而闻名的学生，也承认自己远不及颜回，因为他自己对于某一道理的理解虽然有相当的把握，但还没有达到颜回般深入和全面的程度。孔子自己博闻广识，领悟力非凡，但他仍然认为自己和子贡在理解和应用道理方面都不及颜回。对于一位教师而言，不需要在所有方面都超过学生，孔子树立了一个榜样。

扩展知识

成为孩子的起跑线——颜路

颜路本名颜无繇（yóu），字路。是颜回的父亲，也是孔子最早期的弟子之一。

在那个平民基本没机会读书的年代，家境贫寒的颜路能投身到孔老师的补习班进行学习，也称得上十分好学了，更何况他还把自己的孩子颜回也带到了孔老师的课堂上，可以说是个有先见之明的好父亲了。

看《论语》学成语

wén yī zhī shí
闻一知十 听到一点就能理解很多，形容人禀赋聪敏，领悟力、类推力强。

身居陋巷

颜回家境贫寒，贫寒到什么程度呢？就连喝水都只能用水瓢喝，吃饭也没有碗，只有一个小竹筒装饭。

在这样艰苦的环境下生活，颜回却很开心。孔老师对颜回的这种心态十分赞赏。

论语说

【原文】

子曰：“贤哉，回也！一箪食，一瓢饮，在陋巷，人不堪其忧，回也不改其乐。贤哉，回也！”

——《论语·雍也》

【译文】

孔子说：“颜回的品质是多么高尚啊！一竹筒饭，一瓢水，住在简陋的小巷子里，别人都忍受不了这种穷困清苦，颜回却没有改变他好学的乐趣。颜回的品质是多么高尚啊！”

【赏析】

颜回用粗陋的竹器吃饭，用瓢来喝水，还住在非常简陋的房子里，到了这种地步，若是一般人早就受不了了。但是，颜回仍然能够保持着心中的快乐，不改乐道之志。对颜回来说，富贵不是其所求，仁道才是其所愿！生活的好坏，根本就无法改变其内心坚定的志向。颜回所表现出来的人生态度，值得我们深思和学习。

颜回这种不因贫穷而焦虑的心态，普通人很难做到。这就是通常说的“安贫乐道”。

在孔老师的观点中，获得财富的方法有两种，一种是合法的，一种是不合法的。使用不合法的手段得到的财富叫作不义之财，孔老师表示宁可受穷也不要，这叫“安贫”。

吃粗粮，喝冷水，弯着胳膊做枕头，在简单的生活中找到自己的快乐，这叫“乐道”。

论语说

【原文】

子曰：“饭疏食饮水，曲肱而枕之，乐亦在其中矣。不义而富且贵，于我如浮云。”

——《论语·述而》

【译文】

孔子说："我整天吃粗粮，喝冷水，弯着胳膊做枕头，也自得其乐。用不正当的手段得来的富贵，我把它看作天上的浮云。"

【赏析】

孔子主张"安贫"是为了追求"乐道"，他认为过俭朴的生活，像"饭疏食饮水，曲肱而枕之"，对于有理想的人来说，可以说是极为满足和快乐的。与此同时，他还坚持认为，不义的富贵荣华就像天上的浮云一样虚幻，自己不会追求这种虚幻的东西。

在孔子的眼里，能做到"安贫乐道"的人，一定是人中龙凤一样的存在，比如颜回。

扩展知识

曾经很有钱

颜回的祖上本来是鲁国的高官，可是经过历史的消磨，这个家族也逐渐没落了，到了颜路和颜回这个时期，家里只剩一个破房子和一点可怜的田地了。虽然还是名义上的“贵族”，可生活水平还不如普通的农民家庭。不过贵族的教育还是在影响着他们，家里也还保留了礼乐思想。

看《论语》学成语

安贫乐道（ān pín lè dào） 形容安于贫困恶劣的环境，以追求圣贤之道为乐。

箪食瓢饮（dān shí piáo yǐn） 原义是用箪盛饭吃，用瓢舀水喝，指颜回生活虽然清苦，却依旧不改乐道的志趣。后用以比喻安贫乐道。

乐在其中（lè zài qí zhōng） 意思是喜欢做某事，并在其中获得乐趣。

夫子知音

孔老师带着学生们周游列国时，曾被困在陈国和蔡国之间的荒地，几天下来所有人都饿得受不了了。

孔老师知道学生们心里不高兴，便叫来子路，问道："是我们的想法错了吗？为什么我们会落到这步田地呢？"

子路是个耿直的人："可能是我们不够高尚或者不够聪明吧，人家不信任我们，所以不放行。"孔老师觉得子路说的不对："伯夷、叔齐足够高尚了吧，最终还是饿死在首阳山；比干够聪明了吧，最终被商纣杀死了。"

子路出去后，子贡进来了，孔老师问了他同样的问题。子贡说："老师您的想法太博大了，大多数人都理解不了，为什么不降低一点呢？"孔老师说："农夫善于耕作，却未必能有收获，工匠手巧却未必能让人对他的作品满意。研究自己的学说就像网一样，不一定能网住所有人的想法。怎么能因为这个反而降低网的质量去迎合别人呢？"

论语说

【原文】

子曰："三军可夺帅也，匹夫不可夺志也。"

——《论语·子罕》

【译文】

孔子说："军队可以丧失它的主帅，但是一个人的志向是不能丧失的。"

【赏析】

"志"就是人的志向、志气。"匹夫不可夺志"，反映出孔子对于"志"的高度重视，甚至将它与三军之帅相比。对于一个人来讲，他有自己的独立人格，任何人都无权侵犯。作为个人，他应维护自己的尊严，不受威胁利诱，始终保持自己的"志向"。这就是中国人"人格"观念的形成及确定。

子贡也出去了，之后颜回进来了，孔老师又问了他同样的问题。颜回说："老师您的想法太博大了，大多数人都理解不了，但是老师依然要推行自己的学说。一个人不研究自己的学说才是自己的耻辱。正确的学说不被接受，那是别人的耻辱。"孔子听了之后很欣慰："小颜啊，如果你有钱了，我愿意给你做个管家。"

扩展知识

颜回攫（jué）甑（zèng）

被困期间，子贡曾几经周折买回一石米，颜回做饭的时候墙上的灰尘掉进了饭里，颜回便把脏的饭粒捡起来自己吃了。子贡以为他在偷吃，很生气，便向孔子说了自己的所见。孔子认为其中必有缘故，便叫来颜回说："你把饭端进来，我要先祭奠先人。"颜回答道："刚才有灰尘掉进锅里把饭弄脏了，丢掉太可惜，我就把它吃了，现在不能祭奠了。"孔子对身边的弟子说："我相信颜回的品德不是从今天开始的。"从此之后，大家更加相信颜回。

看《论语》学成语

匹夫不可夺志（pǐ fū bù kě duó zhì）指即使是普通人，也不能强迫他改变志向。

不幸早折

很可惜，孔老师最终也没做成颜回的管家。由于长期的营养不良，颜回二十九岁就须发皆白。四十岁就不幸去世了。

孔子的学说少了一个重要的继承人，孔子十分悲痛，他一直把颜回当作自己的接班人来培养的。

后来，鲁哀公问孔子哪位学生最好学。

论语说

【原文】

哀公问："弟子孰为好学？"孔子对曰："有颜回者好学，不迁怒，不贰过。不幸短命死矣，今也则亡，未闻好学者也。"

——《论语·雍也》

【译文】

鲁哀公问孔子："你的弟子中谁最爱学习？"孔子回答说："有一个叫颜回的弟子最好学，他从不迁怒于别人，也不重犯同样的过错。只是很不幸他早早去世了。现在已经没有他那样的人了，再也没听到谁爱好学习的了。"

【赏析】

孔子极为称赞他的得意门生颜回，认为他好学上进，自颜回死后，已经没有如此好学的人了。在孔子对颜回的评价中，他特别谈到"不迁怒""不贰过"这两点，从中也可以看出孔子教育学生，重在培养他们的道德情操。

颜回凭借自己极高的道德修养，成为后世的道德榜样，被认为是除孔子外的又一位圣人，被尊称为"复圣"。

扩展知识

请车备椁

颜回去世早，颜路因为家里贫穷，来请求孔子把车子卖了为颜回多置办一层外椁来安葬。孔子认为不妥，说："孔鲤虽然没有颜回那样优秀，但对于我们来说，都同样是自己的儿子！孔鲤去世的时候，也只有一层棺而没有外椁。我总不能徒步出行而

把车子卖掉替他买椁吧，毕竟我曾经也是朝中的大夫，按照礼数来讲是不能徒步出门的。”

一字总结

颜回一生坎坷，总结为一个字就是“穷”。

他未能取得什么成就，未曾涉足政治或从商，生活一度穷困潦倒。然而，他能在贫困中找到乐趣，并未因生活的艰辛改变自己的志向。他明白自己所追求的是什么，精神的充实让他不需依赖世俗的名利来充实自己。因此，即便未取得辉煌成就，他仍然是孔子眼中最杰出的学生。

rǎn yōng zhòng gōng
冉雍仲弓
rǎn gēng bó niú
冉耕伯牛

探病伯牛

冉耕，字伯牛，山东人。

孔子弟子之一，孔门四科中德行科的代表人物，“孔门十哲”之一。

虽然同属德行科，但伯牛与颜回不同，没有那么多的故事，年纪轻轻便身患重病而后身死。至于伯牛的德行究竟好到什么程度，我们如今也不得而知。

在伯牛重病期间，孔老师曾去看望他，并对这个年轻人感到深深的惋惜。

论语说

【原文】

伯牛有疾，子问之，自牖（yǒu）执其手，曰："亡之，命矣夫！斯人也而有斯疾也！斯人也而有斯疾也！

——《论语·雍也》

【译文】

伯牛生病了，孔子去探望他，从窗户外面握着他的手说："要永别了，这是命里注定的啊！这样好的人竟会得这样的病啊，这样好的人竟会得这样的病啊！"

【赏析】

孔子怀着极其悲伤的心情与他的爱徒伯牛告别。最令人痛心的是，这样一个好人竟会得如此恶疾，孔子只能感叹这是天命。孔子虽然仁德，但也不能左右生老病死。他因伯牛的重病而悲伤，却又不能为伯牛做什么。

尽管伯牛的生命如此短暂，依然掩盖不了他优秀的品格，被孔老师评为孔门德行科代表之一。

扩展知识

隔窗执手

为什么孔子去看望伯牛，要从窗外握着他的手呢？

伯牛作为孔门德行科的代表，自然十分注重自己的品德和礼仪。在当时，如果有长辈、老师或者其他地位尊贵的人前来探病，都会提前把床抬到屋子南面。这样客人就能坐在北面的主位上了。伯牛便是这样做的。但孔子认为这种尊贵的礼节只能用在国君身上，不肯接受伯牛的如此大礼，执意站在南侧窗外看望。

也有说法认为伯牛得的是传染病，主动把自己隔离在房间里，孔子只能隔窗探视。

看《论语》学成语

斯人斯疾（sī rén sī jí） 这样的人竟然得了这样的病。常用作对身染恶疾病人无限痛惜之辞。

犁牛之子

冉雍，字仲弓，是冉耕的弟弟。

冉雍出身不好，而且他的父亲品行不端，有人借题发挥来说他的闲话，认为孔子不该接受这种家庭的人做学生。孔子却反驳了这些人。

论语说

【原文】

子谓仲弓，曰："犁牛之子骍且角，虽欲勿用，山川其舍诸？"

——《论语·雍也》

【译文】

孔子评论仲弓，说："耕牛产下的牛犊长着红色的毛，角也长得整齐端正，人们就算不想用它做祭品，但山川之神难道会舍弃它吗？”

【赏析】

孔子传达的信息是，一个人的家庭背景并不是最重要的，而更重要的是这个人是否具备高尚的道德品质以及真正的才能和学识。只有那些既具备真才实学又道德高尚的人才会受到重用。从另一个角度来看，统治者在选拔人才时也不能仅仅考虑其家世而忽视其才学，这反映了孔子对选拔人才的思想，以及对任人唯亲的反对态度。

冉雍为人仁义，不花言巧语，是一个很有修养而十分大度的人。冉雍具有非凡的政治才能，在跟随孔子周游列国后回到鲁国，当上了季氏家族的总管。

扩展知识

牺牲祭祀

在古代，对供祭祀的牺牲的要求是很高的，耕牛的后代也被认为不适合作为祭祀的对象。孔子的意思是，如果耕牛的后代符合祭祀的条件，如赤色的毛和整齐的牛角，就有资格成为祭祀对象。在周朝，以赤色祭祀的场合主要有三种：天祭、宗庙祭祀以及四方山川的祭祀。即使在不进行天祭和宗庙祭祀的情况下，山川之神仍然会接受这种赤色祭祀。使用赤色作为祭祀的原因是因为周朝将赤色视为尊贵，所以祭祀活动也需要使用赤色的牺牲品。像仲弓这样出色的人才，是不会因为他父亲的低贱出身而被舍弃不予使用的。

看《论语》学成语

犁牛之子（lí niú zhī zǐ）　比喻父虽不善却无损于其子的贤明。

可使南面

冉雍不仅德行高尚，还很有学问，孔老师对他的评价也是简短而中肯。

论语说

【原文】

子曰："雍也可使南面。"

——《论语·雍也》

【译文】

孔子说："冉雍啊，可以让他面向南方，适合去当官。"

【赏析】

在古代，朝向南方被视为尊贵的座位，天子、诸侯和官员在执政时通常面向南方而坐。因此，孔子在这里表示可以让冉雍从政，担任官职来治理国家。孔子将冉雍列为他学风和品行最出色的学生之一，认为他已经具备了担任官职的基本条件。这个例子充分展示了孔子实践他的教育方针——学而优则仕。

冉雍回到鲁国后不久，就被推荐做了“三桓”之一的季氏家族的总管。他很担心自己可能无法胜任这个职位，于是决定向孔老师请教一些工作的诀窍。孔老师是鲁国政治界的前辈，立刻传授给冉雍三招。

论语说

【原文】

仲弓为季氏宰，问政。子曰：“先有司，赦小过，举贤才。

曰：“焉知贤才而举之？”子曰：“举尔所知；尔所不知，人其舍诸？”

——《论语·子路》

【译文】

仲弓做了季氏的总管，询问孔子怎么管理政事。

孔子说：“首先要以身作则，制定政策，赏罚分明；其次要奖惩有度，小错不究，大错不放；最后要发现人才，招揽人才，举荐任用人才。”冉雍又问：“怎么才能看出一个人是不是人才呢？”孔子说：“先推举你了解的人才，至于那些你不了解的人才，别人难道不会推举他们吗？”

【赏析】

在执政时，为政者必须以身作则，成为下属的榜样。他们应该对下属的小过失不太计较，宽容处理，而对于重大问题应该做到赏罚分明。重要的是要善待并选拔人才，从身边的人开始，从自己做起。这些都是孔子关于治理国家的理念和方法。

尽管接受了孔老师的就业指导，但冉雍最终还是做出了辞职的决定。尽管冉雍的早年经历并不顺利，但他并没有因为出身不佳而颓废，相反，他踏实努力地学习真正的技能。凭借持之以恒的努力和高尚的道德品质，冉雍成为孔子眼中的一位杰出人才。

扩展知识

做官能手冉仲弓

在孔子的弟子中，冉雍的口才并不出众，然而孔子却只推荐他去做官。这与孔子对为官之道的理念有很大关系。孔子认为，在从政为官方面，品德是最重要的，而口才的好坏相对来说并不那么重要。孔子说冉雍适合面向南方治理百姓。在古代，只有三种人有资格面向南方，即天子、诸侯和诸侯国的正卿，也就是相国或宰相。

孔子认为像冉雍这样的人才，尽管出身贫贱，但其品德表现卓越。如果他不出来为官，那怎么能对得起百姓呢？冉雍在做官后也确实不负重托，做出了巨大的贡献。

看《论语》学成语

学而优则仕（xué ér yōu zé shì） 意思是学习了还有余力，就去做官。

一字总结

冉耕和冉雍兄弟两个虽然出身不好，但他们的德行却受到了孔子的高度认可。

冉耕虽然不幸患重病早折，但他从小就展现出对农业的浓厚兴趣和天赋。他喜欢亲近大自然，观察植物的生长过程，尝试不同的种植方法。他的聪明才智和勤奋使他在农业领域取得了显著的成就。

冉雍更是被孔子赞许具有仁者之度。孔子说，可以南面称王，君临天下以德的，恐怕只有冉雍一人了。

冉雍提出治理百姓应该在前人提倡的“简”的基础上以“敬”字为中心，态度严肃认真，而办事简约不繁，这样来治理百姓才可以。如果态度马虎粗疏，办起事来又简约，那就不对了。孔子听了冉雍的话，便称赞他的见解很对。

mǐn sǔn zǐ qiān
闵损子骞

芦衣顺母

闵损，字子骞，“孔门十哲”中德行科代表人物，他入选德行科的原因就一个字——孝！

闵损的亲生母亲很早就去世了，父亲为了让年纪还小的闵损能体会到母爱的温暖，为闵损找了一个崭新的继母。

不过这位继母好像并不太喜欢闵损这个儿子，具体表现在继母又生了两个儿子之后。

有一年冬天，继母拿起慈母手中线给儿子们做棉衣。三个儿子，两种款式。

给两个亲生儿子的棉衣里塞满了丝绵，又厚实又暖和。

而给拖油瓶闵损的“棉衣”里塞满了芦花，看起来鼓鼓囊囊，实际上透风而且不保暖。

就这样，闵损穿着一身芦花在冬天的寒风里硬抗，为了让这个看起来和睦的家庭能够维持下去，他也没有把这件事说出去。他父亲开始并不知道这件事，但纸终究包不住火。

有一次，父亲带着兄弟三个坐着牛车出门。半路上拉车的牛罢工了，父亲就让闵损下车去牵牛往前走。

闵损下车后因为寒冷，连牵牛的绳子都拉不住，遭到了父亲的斥责和鞭打，直到“棉衣”被打破，里边的芦花飞了出来，父亲才意识到大儿子受了多少委屈。

回到家后，父亲立刻就要离婚。闵损却突然跪在地上为继母求情。

“有妈在，冷的只有我一个，没了妈，仨孩子就都得受冻啊！”

父亲觉得闵损说得有道理，继母也很后悔区别对待，承认了错误。

孔老师对闵损的孝心十分赞赏。

论语说

【原文】

子曰：“孝哉闵子骞！人不间于其父母昆弟之言。”

——《论语·先进》

【译文】

孔子说:“闵子骞真是孝顺呀!人们对于他的父母兄弟称赞他的话没有任何质疑。”

【赏析】

自家人的夸赞往往夹杂了亲情,别人会怀疑是否有夸大的成分。而外人的夸赞让人觉得更客观。可是闵损的父母兄弟夸赞他却从不会有人怀疑,因为所有人都知道闵损真的很孝顺。

扩展知识

不能随便模仿的《二十四孝》

《全相二十四孝诗选集》也被称为《二十四孝》,讲述了中国古代二十四个孝子在不同环境下的行孝故事。这些故事被后来的印本配以图画,成为中国古代宣扬儒家思想和孝道的通俗读物。

鲁迅先生曾评价《二十四孝》,指出其中一些故事可勉强效仿,还有一些会引起人们强烈反感,有些则可能危及性命。

为官鲁国

闵损因为出了名的孝顺，被推荐在鲁国做了一名官员。闵损工作期间，时刻爱民如子，事事为老百姓考虑，做了一个称职的父母官。

有一次，鲁国想翻修国家金库，闵损知道了这件事情。

论语说

【原文】

鲁人为长府，闵子骞曰：“仍旧贯，如之何？何必改作？”子曰：“夫人不言，言必有中。”

——《论语·先进》

【译文】

鲁国的执政大臣要翻修国库长府。闵子骞说："照老样子不好吗？何必一定要翻修呢？"孔子说："闵子骞这个人平常不大说话，但一开口必定说到要害上。"

【赏析】

孔子在此对闵子骞崇尚节俭、爱惜民力的政治主张表示赞赏。虽然孔子的儒家学说主要服务于封建统治者，但他也强调了爱人和德政的重要性。他期望执政者通过注重农工商的发展来利民、富民，倡导减赋节用、去奢从俭，反对统治阶级的过度盘剥和奢侈浪费。不仅孔子重视节俭，道家创始人老子也曾说过，他有三宝，曰慈，曰俭，曰不敢为天下先。

尽管闵损善于言辞，能够一针见血地指出问题，并敢于直言进谏，但如果他的上级，即鲁国国君，不听从他的建议，那么他该如何应对呢？

论语说

【原文】

子曰："道不同，不相为谋。"

——《论语·卫灵公》

【译文】

孔子说："立场不同的人，就不能在一起做事。"

【赏析】

"道"指的是理想、信念、立场等，儒家主张宽容、仁爱、和谐。对于"道不同"的人，应该坚持自己的立场，不被对方所动摇。因此，常用此句来表示不愿意与某些与自己思想观点不一致的人一起工作。

由于两个人从小生活的环境和所受的教育不同，他们的世界观、人生观和价值观以及志向也会有所不同，这就是所谓的"道不同"。

这两类人注定无法在一起合作，这就是所谓的"不相为谋"。

所以发现自己与领导的道不同后，闵损立刻辞职了。即便后来鲁国高薪聘请闵损回去工作，也被他断然拒绝了。闵子骞表示，宁可跑路，也不上班。

论语说

【原文】

季氏使闵子骞为费宰。闵子骞曰："善为我辞焉！如有复我者，则吾必在汶上矣。"

——《论语·雍也》

【译文】

季氏派人请闵子骞去做费邑的长官。闵子骞说："请替我妥善地推辞吧！如果再来找我，那我必定要逃到汶水北边去了。"

【赏析】

闵子骞拒绝做官的故事，体现了他对宠辱不惊、明哲保身的超然态度的坚持，这种智慧的处世哲学确实令人钦佩。宋代大儒朱熹对闵子骞的这种做法表示赞赏，他认为在乱世从政，如果过于刚直或屈从，都可能招致祸患或侮辱。因此，保持中庸之道、灵活应对是处世的最佳策略。

闵损面对重金也能坚持原则的精神使孔老师对他大加赞赏，并把他分到了德行科。

"孔门十哲"中，言语科、政事科、文学科的代表都是两人，只有德行科有四人，这是因为孔老师最重视学生的德行。

论语说

【原文】

子曰："骥不称其力，称其德也。"

——《论语·宪问》

【译文】

孔子说："千里马值得称赞的不是它的气力，而是它的品德。"

【赏析】

孔子十分强调个人修养，并认为道德是行为的基础。他曾用马作比喻，指出千里马虽然奔跑迅疾，但人们所称赞的并非它的速度，而是它的德行。同样地，一个人是否被视为人才，很大程度上取决于其品德是否高尚，而非单纯的能力。

所以，在孔老师的学校里，德行永远是评价学生的第一准则。

扩展知识

费宰和费邑

我们在《孔子》篇里提到过鲁国权臣家族，"三桓"之一的季孙氏，季孙氏的封地就是费邑，费邑的长官就是费宰。当时

季孙氏在鲁国权倾朝野，他的家臣也不消停，比如在《孔子》篇提过的阳虎就曾经囚禁季桓子，掌控费邑乃至鲁国的政权。

费邑数任长官都背叛了季孙氏，所以季孙氏才派人来找闵损做费邑的长官，试想就连经历数次背叛的季孙氏都请他去做官，可见闵损的德行之高。然而闵损拒绝了季孙氏的邀请，更是让世人对他的评价提高了一个层次。闵损认为季孙氏无视君臣之道和礼制纲常，和自己不是一路人，所以拒绝成为他的家臣。

看《论语》学成语

yán bì yǒu zhòng
言必有中 指一说话就能切中要害，说到点子上；常用于赞美人说话中肯。

dào bù tóng bù xiāng wéi móu
道不同不相为谋 比喻实现理想的道路有很多。现也比喻志趣不同的人就无法共事。

一字总结

闵损，这位贤者，以他的从政态度向我们展示了何为真正的谨慎。他不仅以孝行闻名于世，更因对名利的淡泊及对个人立场的谨慎，成为后世的楷模。孔门弟子在编辑《论语》时，将这段关于闵损的描述放在了讨论门人从政的章节之后，这确实意味深长，引发人们对自身行为的深思。

闵损的谨慎体现在他的一言一行中。他淡泊名利，从不为短暂的名声和利益所动摇。这种态度并非源于他对生活的消极态度，而是因为他深知从政者立场的重要性。他始终坚持自己的原则和底线，无论面对何种诱惑，都能保持清醒和警觉。

他的这种谨慎态度，对于后人有着重要的启示。在当今社会，名利成为一些人追求的目标，这些人忽视了道德和良心的约束。闵损的故事提醒我们，在追求个人目标和利益的同时，更应注重道德和良心的约束，始终保持清醒和警觉。

rǎn qiú
冉求
zǐ yǒu
子有

性格缺陷

冉求，字子有，冉耕和冉雍同父异母的弟弟，孔老师的课堂里政事科课代表之一。

冉耕和冉雍虽然各有各的问题，但因为二人的德行和人品被选为德行科代表，留下了相当励志的故事。而冉求对人情世故特别精通，成了一名官员，大众眼中的他是个爱岗敬业的父母官，但孔老师觉得冉求问题很大，甚至一度想和他断绝师徒关系。

让孔老师对冉求不爽的第一个原因是他的性格。我们在《孔子》篇提到过一个小故事。子路和冉求找孔老师问同一件事，子路先找到孔老师："老师，我听到该做的事情，要立刻去做吗？"孔老师答道："不要急，先去问问别人的想法。"子路出去了。不一会儿，冉求进来问："老师，那个……我听到了该做的事，不知道要不要……立刻去做。"孔老师让他别磨磨叽叽的，干就完了！

孔老师的意思是：子路急躁，要让他多思考，三思而后行。冉求性格温暾，犹犹豫豫，所以要鼓励他立刻去做。这也体现了孔老师因材施教的教学准则。不过在孔老师因材施教的原则下，冉求的性格依然没有改变。

有一天孔老师正在上课的时候，冉求突然举手。

论语说

【原文】

冉求曰："非不说子之道，力不足也。"子曰："力不足者，中道而废。今女画。"

——《论语·雍也》

【译文】

冉求说："我不是不喜欢您的学说，而是我的能力不够啊！"孔子说："能力不够的人是（力量用尽不得已）到半路才停下来，而你却画地为牢，不肯前进。"

【赏析】

冉求不愿学习孔子所传授的理论，认为自己的能力不足，在学习过程中感到非常困难。然而，孔子却认为，冉求的困难不在于能力，而是思想上的畏难情绪作祟，因此对他提出了批评。

举个例子领会一下孔老师的话，一个人跑步的能力不够，他会在跑不动的时候才停下来。而冉求则是在起点就罢工了，这不是能力不够，就是单纯的懒。

扩展知识

一门三贤

冉氏家族中冉耕、冉雍、冉求、冉猛、冉烈兄弟五人，都是孔子的弟子。其中冉耕、冉雍、冉求三兄弟被列入了“孔门十哲”，世人称之为“一门三贤”。后来，冉氏家族的祖庙有这样的对联：一门五子从圣，十哲三贤列科。

看《论语》学成语

中道而废（zhōng dào ér fèi） 事情尚未完成，自己就放弃了，没能善始善终。

锦上添花

冉求做了鲁国的官员，他的上司就是前面提过的季康子，季孙氏总是和孔老师意见不合。

冉求的工作能力是毋庸置疑的，但他的性格给他的工作也带来了不少困扰。

冉求有个好朋友叫公西赤。两个人从同学做到同事，感情十分要好。有一次，公西赤需要出差一段时间，要很久才能回来。鲁国国君为了让公西赤安心工作，打算给他家里发一些粮食。

然而具体给多少是冉求说了算的。冉求不知道该给多少，就去问孔老师："老师，给公西赤家里的救济粮应该给多少啊？"

孔老师表示："该给多少就给多少。"

冉求又说："可是我们关系特别好。"

孔老师说："那可以多给点。"

冉求点点头："老师我明白了。"

他根本没明白！本来规定发放六斗四升粮食，冉求给发了八百斗，这么说可能大家没什么概念，换算成现在的单位大概就是本来应给两袋米，结果他给了半吨。

孔子听说之后非常生气。

论语说

【原文】

子华使于齐，冉子为其母请粟（sù）。子曰："与之釜。"

请益。曰："与之庾（yǔ）。"

冉子与之粟五秉。

子曰："赤之适齐也，乘肥马，衣轻裘。吾闻之也：君子周急不继富。"

——《论语·雍也》

【译文】

公西赤出使齐国，冉求替他的母亲请求补助一些谷米。孔子说："给她六斗四升。"

冉求请求再增加一些。孔子说："再给她二斗四升。"

冉求却给了他八百斗。

孔子说："公西赤到齐国去，坐的是健壮的马匹驾的车子，穿的是又暖和又轻便的皮袍。我听人说：君子只在他人急需救济时施以援手，而不是使他人富上加富。"

【赏析】

孔子提倡"君子周急不济富"，这源自儒家"仁爱"思想。孔子的"爱人"理念并非局限于对家人和朋友的狭隘之爱，而是具有一定的普遍性。然而，他也认为只应该帮助贫穷的人而不是富人，主张“雪中送炭”而不是“锦上添花”。这种思想体现了人道主义的理念。

冉求做事没原则，让孔老师很不满意。没想到更大的问题还在后边。

扩展知识

春秋时期的计量单位

春秋时期的粮食计数是靠不同的量器计算的，釜、庾、秉、斛、斗都是不同的量器。它们之间的关系如下：

一斗为现在的十二斤至十五斤，一斛为十斗，一秉为十六斛。另外，一釜是六斗四升，一庾是二斗四升。

春秋战国时期各个国家的计量单位各不相同，这种情况在秦始皇嬴政统一六国后才有了改变。

看《论语》学成语

xuě zhōng sòng tàn
雪中送炭 指下雪天给人送炭取暖。比喻在困难或危急时，给人物质或精神上的帮助。

jǐn shàng tiān huā
锦上添花 指在有彩色花纹的丝织品上再绣上花朵。比喻美上加美，喜上加喜。

féi mǎ qīng qiú
肥马轻裘 意思是骑肥壮的马，穿轻暖的皮衣，形容阔绰。

祸起萧墙

我们说过，冉求的领导是季康子。季康子虽然是臣子，但是做事很没有礼数。

孔子想劝导季康子走上正道，但多年不和已无法调和，于是孔子便打算让冉求承担起这个责任，让他去给自己的领导提建议，可是冉求觉得他办不到。

当时鲁国旁边有个小国叫颛（zhuān）臾（yú），鲁国国君和颛臾国君的关系很好，而季康子把握着国政大权，很担心鲁国国君联合颛臾国打压自己，于是便想先下手为强，发兵攻打颛臾国。

论语说

【原文】

季氏将伐颛臾。冉有、季路见于孔子曰：“季氏将有事于颛（zhuān）臾（yú）。”

孔子曰：“求！无乃尔是过与？夫颛臾，昔者先王以为东蒙主，且在邦域之中矣，是社稷之臣也。何以伐为”

冉有曰：“夫子欲之，吾二臣者皆不欲也。”

孔子曰：“求！周任有言曰：‘陈力就列，不能者止。’危而不持，颠而不扶，则将焉用彼相矣？且尔言过矣，虎兕（sì）出于柙，龟玉毁于椟（dú）中，是谁之过与？”

冉有曰：“今夫颛臾，固而近于费。今不取，后世必为子孙忧。”

孔子曰：“求！君子疾夫舍曰欲之而必为之辞。丘也闻有国有家者，不患寡当作贫而患不均，不患贫当作寡而患不安。盖均无贫，和无寡，安无倾。夫如是，故远人不服，则修文德以来之。既来之，则安之。今由与求也，相夫子，远人不服，而不能来也；邦分崩离析，而不能守也：而谋动干戈于邦内。吾恐季孙之忧、不在颛臾、而在萧墙之内也。”

——《论语·季氏》

【译文】

季氏将要讨伐颛臾。冉求、子路去拜见孔子说：“季氏准备攻打颛臾了。”孔子说：“冉求，这难道不是你的过错吗？颛臾，从前周天子让它主持东蒙的祭祀，而且已经在鲁国的疆域之内，是国家的臣属啊，为什么要讨伐它呢？”

冉有说：“季孙大夫想去攻打，我们两个作为家臣，都不愿意这么做。”

孔子说：“冉求，周任有句话说：‘尽自己的力量去负担你的职务，实在做不好就辞职。’有了危险不去扶助，跌倒了不去搀扶，那还用辅助的人干什么呢？而且你说的话错了。老虎、犀牛从笼子里跑出来，龟甲、玉器在匣子里毁坏了，这是谁的过错呢？”

冉有说：“现在颛臾城墙坚固，而且离费邑很近。现在不把它夺取过来，将来一定会成为子孙的忧患。”

孔子说：“冉求，君子痛恨那些不说自己想那样做却一定要另找借口的人。我听说，对于诸侯和大夫，不怕贫穷而怕财富不均；不怕人口少而怕不安定。因为财富均衡就没有贫穷，和睦团结就不觉得人口少，境内安定就不会有倾覆的危险。像这样做，远方的人还不归服，那就再修仁义礼乐的政教招他们来。他们来归服了，就让他们安心生活。现在，仲由和冉求你们辅佐季孙，远方的人不归服却又不能招来他们；国家分崩离析却不能保全守住；反而谋划在国内动用武力。恐怕季孙的忧患不在颛臾，而在他自己的宫墙之内呢。”

【赏析】

这一段话展现了孔子的反战思想。他不赞成以军事手段解决国际和国内问题，而希望通过礼仪、道义、仁爱和文化来解决问题，这一直是孔子的信念。此外，在这段中，孔子还提出了“不患贫而患不均，不患寡而患不安”。朱熹对此句解释道：“‘均’

指各得其应得的份额；‘安’指上下和谐相待。”这种思想对后世产生了深远的影响，甚至成为社会心理的一部分。

尽管孔老师对冉求的做法持鲜明的反对态度，冉求仍然坚定地在岗位上辛勤工作，为季康子奉献自己的服务。冉求甚至在季康子对鲁国进行改革时提供了帮助，以便让季康子能够从老百姓那里获取更多的财富。

季康子对冉求的行动感到开心，但孔老师却非常不满，并宣称与冉求断绝了师徒关系。

事实上，在职场上，冉求还展现出了令人瞩目的另一面。例如，在齐国进攻鲁国的战斗中，冉求在战场上英勇作战，抵抗敌军，立下了卓越的战功。然而，他并未索取任何封赏，而是选择将在外漂泊了十几年的孔老师接回了鲁国。

扩展知识

以田赋

在冉求担任季孙氏家臣期间，季孙氏准备实行“以田赋”政策，即按田地面积征税的新政。一些人，包括孔子在内，对这一新制度表示了强烈的不满。

然而，冉求与他的老师在这个问题上持有不同观点。他认为，尽管这项改革在一定程度上增加了奴隶和平民的负担，但客观上推动了当时社会的进步，有利于强国富民，且具有深远影响，因此他毫不犹豫地支持了这项改革。

而如今看来，“以田赋”推动了鲁国经济的发展，无疑增强了鲁国的军事力量。因为在那个时代，田赋制度和军赋制度具有同等的重要意义。冉求通过增强经济实力和改革军赋制度来强化军事力量，这在当时是较为睿智和有远见的。

看《论语》学成语

祸起萧墙（huò qǐ xiāo qiáng）祸乱产生于家中，比喻灾祸、变乱皆由内部原因所致。

分崩离析（fēn bēng lí xī）形容国家、集团等分裂瓦解。

玉毁椟中（yù huǐ dú zhōng）比喻因主管人员失职而造成重大损失。

大动干戈（dà dòng gān gē）意思是大规模地进行战争。比喻大张声势地行事。

一字总结

冉求是一个非常有才能的人，他在政事科中排名第一，子路排名第二。在孔子的很多学生中，冉求确实很特别。孔子曾用一个字来形容他——“艺”，即多才多艺。这种能力对于从政的官员来说尤为重要。在我们与他人相处的社会中，总是会涉及上下级之间的关系。通过观察冉求的为人处世之道，我们可以获得一些启示。孔子的重要学生并非都是圣人，有时候他们正好为我们提供了一些反面教材，而其中的教训值得我们警惕和反思。

duān mù cì
端木赐
zǐ gòng
子贡

搅动五国

春秋时期，齐国是第一个称霸的国家，总是想进一步扩张地盘，那么与齐国相邻的鲁国自然就成了最容易被盯上的目标。

果然，齐国对鲁国有了想法。孔子听说了这事，非常着急，因为鲁国肯定打不过齐国。这时就需要有一个能说会道的人去劝齐国放弃这种可怕的想法，这个人就是本篇的主角——端木赐，子贡。

靠子贡的一己之力自然不足以让齐国撤军，所以子贡的应对策略就是“转移矛盾，把水搅浑”。

要解决问题，当然要知道问题出在哪儿，乍一看，问题出在齐国。但是齐国真的想攻打鲁国吗？子贡调查了这个问题，发现问题的根源在齐国的一个人身上。

这个人叫作田常，是齐国的相国。田常一直想独揽齐国的大权，但是其余几大家族的势力庞大，让他不敢轻举妄动。

于是田常灵机一动，派这几大家族去攻打鲁国。田常是这么想的：“如果他们赢了，那是他们运气好，齐国的疆域扩大了。如果他们输了，那是我运气好，我在齐国就能为所欲为了。”

田常的小心思被子贡猜透了，当即连夜跑到齐国，见到田常就说：“我觉得您的方案不行。您打鲁国不如去打吴国。”

田常不明白，子贡接着说：“鲁国不好打，鲁国城墙是矮的，城门是坏的，护城河是窄的，士兵是菜的。吴国好打，吴国城墙是高的，城门是好的，护城河是深的，士兵是饱的。”

田常更不明白了：“你说反了吧。”

子贡解释道：“你不就是想把那几大家族除掉吗？要是让他们打鲁国，打赢了功劳也是他们的，跟您没啥关系。让他们打吴国，他们肯定赢不了。”

田常觉得子贡说得有道理，但是齐国军队已经向鲁国进发了，现在改变路线会被怀疑。子贡表示那没关系，他可以再去一趟吴国，说服吴国出兵援助鲁国，这样齐国就可以顺理成章地去打吴国了。

于是子贡又来到了吴国晋见吴王：“如果齐国吞并了鲁国，吴国可就不是齐国的对手了。况且您这次帮了鲁国，不仅能获得好名声，还能震慑同样强大的晋国，这不是一举两得吗？”

吴王有些犹豫：“越国正找机会向我报仇呢，我派兵去援助鲁国被越国抓到机会怎么办？要不等我打败越国再去吧。”

子贡表示那没关系，他可以再去一趟越国让越国派兵跟着吴国一起讨伐齐国。这样吴王就不用担心了。

于是子贡又匆匆赶去越国，越王清扫道路迎接子贡，子贡把吴王的顾虑告诉了越王。越王当即叩头便拜：“我曾经不自量力和吴国交战，被围困在会稽，我对吴王的恨深入骨髓，只想和吴王同归于尽，请先生教我该怎么办。”

子贡说：“吴王残暴，吴国百姓都怨恨国君，大臣中也有内乱，奸臣当道，祸国殃民，这都是要亡国的迹象。如果越国能出兵帮吴国，您再对吴王表示一下尊敬，他一定能放心攻打齐国，如果赢了，他就会带兵逼近晋国，我会去劝说晋国国君到时围攻吴国，您就可以趁吴国状态差的时候出击，一定能灭

了它。"

越王非常高兴，答应按计划行动。

之后，子贡回到了吴国，对吴王说越王对他心悦诚服，不敢再想报仇的事。几天后，越王的使者也带着越国的军队和礼物来到了吴国，表达了越王对吴王称臣的意愿，吴王非常高兴，放心地发兵去攻打齐国了。

随后，子贡来到晋国，让晋国整顿兵器，休养生息，等待吴国到来。晋国国君也答应按计划行事。

经过一系列转移矛盾的行为，子贡成功地让几个国家打成了一锅粥，没人来找鲁国的麻烦了，他也圆满完成了任务。

求仁得仁

孔老师带学生们周游列国时，曾多次来到卫国，有一次到卫国时，正好赶上国家内乱。

卫灵公去世前，将本该传给儿子的王位传给了孙子。卫灵公的儿子蒯（kuǎi）聩（kuì）非常不服气，就和自己的儿子卫出公卫辄争夺王位。

就这样，卫国陷入了一个混乱的时期。有一天，冉求问子贡：“你说老师会支持卫国国君吗？”

子贡说：“那我去问问老师吧。”这种事情当然不能直接开口问，会显得太八卦了。于是，子贡绕了个弯子。

论语说

【原文】

冉有曰："夫子为卫君乎？"子贡曰："诺；吾将问之。"

入，曰："伯夷、叔齐何人也？"曰："古之贤人也。"曰："怨乎？"曰："求仁而得仁，又何怨？"

出，曰："夫子不为也。"

——《论语·述而》

【译文】

冉求问子贡："老师会帮助卫国的国君吗？"子贡说："嗯，我去问问他吧。"

于是子贡就进去问孔子："伯夷、叔齐是什么样的人呢？"孔子说："古代的贤人。"子贡又问："他们有怨恨吗？"孔子说："他们求仁而得到了仁，为什么有怨恨呢？"

子贡出来对冉求说："老师不会帮助卫君。"

【赏析】

在卫国，王位的争夺在国君父子间持续不断，而与此形成鲜明对比的是伯夷和叔齐兄弟俩的互相谦让。他们长时间留在卫国，使得冉求猜测他的老师可能有意在卫国协助卫君。为了验证这个猜想，聪明且言辞犀利的子贡决定向老师提问。然而，子贡的提问方式与子路的直截了当不同，他更倾向于委婉地表达。他引用伯夷和叔齐的历史故事来向老师提问，最终得出结论，老师不会协助卫君，因为老师也是追求仁德的人，而卫君的行为并未达到仁的标准。

一句话总结，孔老师非常看不惯卫国国君父子的行为，所以谁也不帮。

扩展知识

伯夷、叔齐

在商朝时期，孤竹国是一个小诸侯国，伯夷和叔齐是两位王子，他们之间的关系非常好。然而，随着他们的父亲去世，一个关键的问题浮出水面：谁应该继承王位？通常这样的情况会引发争夺和冲突，但是这两位兄弟却展现了谦让的品质。为了让对方能够顺利继承王位，两人都选择了离开孤竹国。令人惊讶的是，他们在路上竟然相遇了。这就是关于兄弟间互相谦让王位的故事。

看《论语》学成语

求仁得仁（qiú rén dé rén） 求仁德便得到仁德。比喻理想和愿望实现。

儒商始祖

除了拥有出色的口才，子贡还是春秋时期的商业巨子，其财富之巨令人惊叹。他之所以如此富有，是因为他具备出色的商业头脑和眼光，能够精准地预测市场物价的波动，从而获得丰厚的利润。他的商业才能甚至得到了孔子老师的赞扬和肯定。

论语说

【原文】

子曰："回也其庶乎，屡空。赐不受命，而货殖焉，亿则屡中。"

——《论语·先进》

【译文】

孔子说："颜回呀，他的道德修养已经差不多了，可是他常常很贫困。子贡不做官而去从商，猜测行情，竟每每猜中。"

【赏析】

孔子对颜回一直持高度评价，欣赏他在贫困中保持快乐，追求仁爱并成功实现；对于子贡，他虽未遵公命从事贸易，但凭借其卓越才智赢得财富，孔子也予以肯定。孔子并非反对通过商业获得财富，他更看重的是人的道德品质和修养。

子贡不仅非常会做生意，而且很讲诚信，这种良好的经商风气又被称作“端木遗风”。

子贡曾和孔老师讨论贫富状态的问题。

论语说

【原文】

子贡曰：“贫而无谄，富而无骄，何如？”子曰：“可也。未若贫而乐，富而好礼者也。”子贡曰：“《诗》云：‘如切如磋，如琢如磨’，其斯之谓与？”子曰：“赐也，始可与言《诗》已矣，告诸往而知来者。”

——《论语·学而》

【译文】

子贡说："贫穷却不巴结奉承，富有却不骄傲自大，怎么样？"孔子说："这样可以算不错了。只是还不如虽贫穷却乐于道，虽然富裕却又好礼的人。"子贡说："《诗经》上说，'要像骨头、牛角、象牙、玉石等的加工一样，先开料，再粗锉，细刻，然后磨光'，就是讲的这个意思吧？"孔子说："子贡呀，你能从我已经讲过的话中领会到我还没有说到的意思，举一反三，我现在可以同你谈论《诗经》了。"

【赏析】

贫富差距是一个长期存在于历史中的问题，它超出了个人的解决能力。孔子期望他的弟子以及所有人，无论贫富，都能达到一种境界，即贫穷时能保持乐观，富裕时能恪守礼仪。因此，他在日常教育中向弟子们灌输这种思想。无论贫穷还是富裕，保持乐观和恪守礼仪的态度，个人就能得到最大限度的发展，社会上的贫富群体也能各安其位，从而保持社会的稳定。此外，孔子还赞赏子贡能够灵活运用知识、"举一反三"的能力。

看《论语》学成语

duān mù yí fēng
端木遗风 指孔子的弟子端木赐遗留下来的诚信经商的风气。

不耻下问

在春秋时期，有一位名为孔圉（yǔ）的高级官员，他以好学和乐于向他人请教问题而著称。尽管他地位崇高，但他却平易近人，甚至愿意向地位比他低的人寻求知识。孔圉去世后，人们赠予他“文”的谥号，这是对他一生勤学好问的赞誉。

谥号，在古代，是对逝者的一种评价。“文”这个谥号象征着其人的渊博学识和好问的精神。后来，人们尊称孔圉为孔文子，然而子贡却认为这个尊称对他来说过于崇高。

论语说

【原文】

子贡问曰：“孔文子何以谓之‘文’也？”子曰：“敏而好学，不耻下问，是以谓之‘文’也。”

——《论语·公冶长》

【译文】

子贡问道：“孔文子的谥号为什么是‘文’呢？”孔子说：“他天资聪明而又好学，不以向地位比自己低、学识比自己差的人请教为耻，所以给他谥号为‘文’。”

【赏析】

两千多年来，众多学者和先贤都以身作则，他们并不以向地位或身份低于自己的人请教为耻。就像泰山不嫌弃任何一寸土地而成就其巍峨，江河接纳细流而成就其深远，学习之道亦然。只有不拒绝任何微小的知识，不断积累，我们最终才能取得显著的成就。

孔老师的言辞传达了一个深刻的道理：虽然向他人提问是每个人都能做到的事情，但像孔文子这样身居高位的人还能保持如此谦逊的态度，不在乎自己的面子，愿意向地位较低的人请教，这种行为无论在何时都是难能可贵的。

扩展知识

十万个为什么——孔圉

孔圉，又称仲叔圉，是春秋时期的卫国大夫，同时也是卫灵公时期的名臣。据史书记载，孔圉聪明好学，非常谦虚。他去世后，卫国国君赐予他“文”的谥号，因此后人尊称他为“孔文子”。

此外，孔圉在卫国政治中有一定的地位和影响。据《左传》记载，孔圉曾参与卫国政治中的一些重要事件，如他曾因太叔疾的婚姻问题而大怒，准备派兵攻打太叔疾，但被孔子劝阻。

在学术方面，孔圉也有一定的成就和贡献。他提倡学习和教育，注重个人修养和品德培养。他的思想和学说对后世产生了一定的影响。

看《论语》学成语

不耻下问（bù chǐ xià wèn） 原义是不把向学问、地位等不如自己的人请教当成可耻的事。形容谦虚、好学。

敏而好学（mǐn ér hào xué） 指聪明而又喜欢学习。

子贡尊师

孔老师一生历经坎坷，尤其在晚年，他遭受了巨大的打击，接连失去了儿子孔鲤以及深爱的弟子颜回和子路。

回顾自己的一生，孔老师感到无尽的遗憾和失落。他的理想难以实现，仕途不顺，更难过的是无人真正理解他的思想。在这个关键时刻，子贡没有绕弯子，而是直接向孔老师提出了他的疑惑和问题。

论语说

【原文】

子曰："莫我知也夫！"子贡曰："何为其莫知子也？"子曰："不怨天，不尤人，下学而上达。知我者其天乎！"

——《论语·宪问》

【译文】

孔子说："没有人了解我啊！"子贡说："怎么能说没有人了解您呢？"孔子说："我不埋怨天，也不责备人，下学人事而上达天命，了解我的大概只有天吧！"

【赏析】

目睹麒麟命悬一线，孔子泪水涟涟，痛感自身的政治抱负已成泡影。然而，他并未怨天尤人，彰显出其崇高的人格。即使是怀才不遇、心中郁闷，孔子也不改下学上达的追求。

最能体现子贡对孔子深厚情感的事迹，无疑是在孔子逝世后他守孝的举动。

在古代，当父母过世时，儿女需服丧三年。孔子辞世后，弟子们将他安葬在孔林，并共同为他守孝三年。然而，三年期满，弟子们各自离去，唯有子贡选择留下，他在孔子的墓旁搭建了一间简陋的茅草屋，继续守孝了三年。

不仅如此，据说孔子后来的名声之所以远扬，主要是因为子贡在背后不遗余力地为老师宣传。在孔子去世后，有人对孔子的能力表示怀疑，甚至当面质疑子贡，认为孔子的名声不过是学生们炒作的结果。听到这话，子贡立刻愤怒地反驳：我的老师性格温和、善良、恭敬、俭朴、谦让，他的品格如同天上的日月般无瑕。

子贡与许多国家的国君都有深厚的交情，历史记载他可以与他们分庭抗礼，平等对话。因此，他抓住一切机会赞扬孔子的伟大。司马迁在《史记》中特别写道："夫使孔子名布扬于天下者，子贡先后之也。"也就是说，孔子之所以能够名扬四海，主要是因为子贡的努力。此外，《论语》这部著作的编纂计划也是由子贡发起的。他召集同学们，在孔子去世后，共同创作了这部不朽之作。

扩展知识

会流泪的石碑

在曲阜孔林的深处，静立着一块石碑，名为"子贡手植楷"。初看之下，这块石碑似乎并无特别之处，与周围众多精美的石碑相比，它甚至显得有些普通。然而，每年的农历八月二十七前后，当传统的孔子大祭之日到来时，石碑的表面无论在白昼还是黑夜，都会覆盖上一层湿润的水珠，宛如串串泪珠滑落，如同一个伤心至极的人在默默哭泣。因此，这块石碑又被人们称为"流泪碑"。据说这是子贡为祭奠恩师而流下的泪水。当然，这仅仅是一个传说，但它却凝聚了后人对子贡尊师重道精神的深深敬仰与赞美。

看《论语》学成语

yuàn tiān yóu rén
怨天尤人 指遇到挫折或出了问题，一味抱怨天，责怪别人。

一字总结

孔子用一个字——“达”来评价子贡，意味着他在人际关系中能够通达无碍。子贡的卓越才能主要表现在他的言辞上，他反应机敏，才智过人，口才流利。他在与他人交往时，总是能够产生积极的社会影响。因此，子贡无论担任官职还是负责外交事务，都能够取得非常显著的成就。正如司马迁所言，孔子后来能够让天下人敬佩，子贡的贡献是不可忽视的。

zhòng yóu zǐ lù

仲由子路

百里负米

仲由，字子路，他学识丰富，同时以孝行闻名。

子路生在一个极度贫困的家庭，粮食匮乏是家常便饭。有一年遭遇严重干旱，粮食价格飙升，他家无法负担昂贵的粮价，只能依赖野菜度日。子路眼睁睁地看着父母的身体日渐消瘦，内心痛苦不堪。为了让父母品尝到白米的滋味，他毅然决定前往百里之外的沂河背米。尽管路途遥远且充满艰辛，但子路怀着坚定的决心踏上了背米之途。

在回家的路上，子路饥肠辘辘，携带的野菜团子早已消耗殆尽。他甚至沿途在别人的田地里捡拾被遗弃的豆叶充饥。尽管如此，他始终舍不得尝一口袋中的白米。经过漫长的跋涉，子路终于回到家中，将白米交到父母手中。他的父母看着眼前疲惫而消瘦的儿子，心疼不已，泪水止不住地流淌。

时光荏苒，父母离世后，子路开始周游列国。当他游历至楚国时，楚王对他的才华极为赏识并邀请他担任官职。楚王为他设宴接风，面对满桌佳肴，子路却痛哭失声。他向楚王坦言："虽欲食黍薯之食，为亲负百里之外，不可得也。"意味着他再也无法像过去那样背负白米长途跋涉去孝敬父母了。一时间，整个宴会陷入沉寂，包括楚王在内的所有人都被子路的孝心深深打动。

扩展知识

儒家孝子

百里负米的故事生动地展现了儒家孝道思想的精髓。在儒家学说中，孝道被视作人之根本，每个人都被赋予尊敬和照料父母的神圣职责。子路百里负米和闵损芦衣顺母的行为深刻地彰显了他们的孝心与强烈的责任感。

孔子劝学

子路年轻的时候，性格粗犷，经常与人决斗比武。有一天，他遇到了孔老师，当时他还是一个混迹市井的小混混，看不起读书人，一开口就与孔老师吵了起来。

孔老师是位有文化的君子，不喜欢动粗。于是他开始跟子路讲道理。孔子说了很多话，告诉子路学习对找工作和交朋友都很有帮助。但是子路并不太相信这些。

他说："南山上有一种竹子，生来就很直，不用加工就能当箭用，连犀牛的皮都能射穿。"他的意思是，像他这样的天才，不用学习也能有大成就。

但是孔老师只回了一句话："如果在箭尾装上羽毛，箭头磨得更尖，不是能射得更快、更远吗？"孔子想表达的是，天

才加上学习，就会更厉害。学习怎么会没用呢？

子路听了非常佩服，当场就拜孔老师为师，加入了孔门。虽然子路性格冲动，有点蛮横，但他也很讲理。他觉得孔老师说得有道理，就立刻拜师学习。

扩展知识

不闻恶言

据闻，子路在成为孔子门徒之后，某日偶遇了过往的几位朋友，他们都是些放荡不羁的轻薄之徒。在闲谈中，其中一人瞥见子路的服饰，讥讽道："这就是你们儒者的装扮吗？看起来真是寒酸。"接着又挑衅地问子路是否怀念他曾经的佩剑。

子路并未理睬他。那人却得寸进尺地说："那个孔丘，不就是个装作君子的伪善者吗？总是假装正经地教授别人无用的东西。"子路闻言，脸色一沉，瞬间将那出言不逊的人击倒在地，其余的人见子路如此威猛，赶忙扶起倒地的人，胆怯地逃离了现场。

不久，此事传到了孔子的耳中，孔子对子路进行教诲："古代的君子，他们的追求是忠义和仁爱，这是他们的目标和护卫。他们即使身处斗室之中，也能洞察千里之外的大事。遇到不善之人，他们会用忠信去感化；遇到暴乱之徒，他们会用仁义去安抚。这样的人，又何需用剑、用武力去解决问题呢？"子路对孔子的教诲深表赞同。

数日后，子路在街头听到一群闲人议论孔子，嘲笑孔子的政治理念只是空谈，并无实用之处。子路面色铁青地穿过人群，直接走到说话人面前。人们很快认出他是孔子的门徒，刚刚还口若悬河的老者瞬间面色苍白，他对子路行礼之后，便迅速消失在人群中。

此后，类似的事情屡次发生。每当人们看到神态威严、目光如炬的子路时，他们都会立刻闭嘴，不再诋毁孔子。

子路死后，孔子苦笑着说："自我收子路为徒后，就再未听闻他人对我的诽谤之言了。"

登堂入室

在他们所处的时代，音乐占据着重要的地位。礼乐中的“乐”，即指雅乐，是孔子所教授的一门热门课程。然而，子路在雅乐方面的表现并不出色，孔子在课堂上对他的表现进行了点评。

论语说

【原文】

子曰：“由之瑟奚为于丘之门？”门人不敬子路。子曰：“由也升堂矣，未入于室也。”

——《论语·先进》

【译文】

孔子说：“仲由弹瑟为什么在我这里弹呢？”孔子的其他学生因此而不尊重子路。孔子说：“仲由的学问已经不错了，只是还不够精深罢了。”

【赏析】

孔子对子路总是耐心地鼓励并加以提醒。由于子路的性情刚勇，他鼓瑟的声音中透露出一种杀伐之气，缺乏平和的韵味。因此，孔子说：“由在我门中，如何弹出这样的音调？”他其实是担心子路性格过于刚烈，难以长寿，所以加以抑制。然而，学生们没有理解孔子的真正意图，因此对子路不够尊敬。为了解释自己的意思，孔子再次用比喻来说明，子路的修养造诣虽然已经很高，但尚未达到最高境界。

扩展知识

北鄙之声

孔子听了子路鼓瑟，评价说："听到现在的音乐，感觉其中的戾气一直不断。君子的雅乐，应该温柔平和，能够培养生育之气。以前舜弹五弦之琴，创作了《南风》这首诗。而这瑟声中的杀伐和激动，与南风之音相去甚远，应该属于北方的鄙野之声。其中的粗暴、恣意和睢盱都完全表现出来了。"

子路一直清楚自己在音乐方面的不足，过去，他总是简单地将这归咎于自己的听觉和技巧。然而，当他被启发，开始深入了解雅乐的内涵时，他意识到问题的根源其实在于自己的精神层面。他明白，单纯的技巧练习并不足够，更重要的是对雅乐的深刻理解和思考。

为了寻求突破，子路把自己关在屋内，通过断食来静心思考，直至身体消瘦。几天后，他觉得自己有了新的领悟，于是再次弹奏起瑟来。虽然他的瑟声中依旧带有杀伐之气，但他的神态却表现出了前所未有的恭敬。孔子在一旁静静地听着，没有发表任何评论，脸上也没有露出不满的表情。

在这个时刻，瑟声已经不再是评判子路的标准。他能够通过自我反省和修炼来提升自己的精神境界，这已经证明了他的成长和进步。

看《论语》学成语

登堂入室（dēng táng rù shì） 比喻学问或技能从浅到深，达到很高的水平。

率直子路

孔老师为了教育好子路，可谓费尽了心思。

论语说

【原文】

子曰："由！诲女知之乎！知之为知之，不知为不知，是知也。"

——《论语·为政》

【译文】

孔子说："仲由啊，为师教导你什么叫作知道了！知道就是知道，不知道就是不知道，这才是聪明的。"

【赏析】

对于文化和其他社会知识，我们应该以虚心的态度去学习，刻苦钻研，尽可能多地掌握。然而，无论我们的知识有多么丰富，总会有一些不懂的问题。因此，我们应该采取实事求是的态度，承认自己的不足，不断寻求答案和进步。只有这样，我们才能不断学到更多的知识，不断提高自己的素养和认知水平。

没错，这句名言是孔老师用来批评子路的。

子路从当初的问题少年向三好学生的方向发展，但直爽的性格却没有变，想到什么就说什么，因此总是和孔老师吵架。

比如孔老师周游列国找工作的时候，最后一次路过卫国，正好赶上卫国父子王位之争（详情见《端木赐子贡》篇）。

论语说

【原文】

子路曰："卫君待子而为政，子将奚先？"

子曰："必也正名乎！"

子路曰："有是哉，子之迂（yū）也！奚其正？"

子曰："野哉，由也！君子于其所不知，盖阙如也。名不正，则言不顺；言不顺，则事不成；事不成，则礼乐不兴；礼乐不兴，则刑罚不中；刑罚不中，则民无所错手足。故君子名之必可言也，言之必可行也。君子于其言，无所苟而已矣。"

——《论语·子路》

【译文】

子路说："卫君等待老师去治国理政，老师打算先从哪儿入手呢？"

孔子说："必须先正名分吧！"

子路说："有这个必要吗？老师您太迂腐了！为什么要正名分呢？"

孔子说："仲由，真是粗野鲁莽啊！君子对于自己所不知道的，应采取存疑的态度。名分不正，说起话来就不顺当合理；说话不顺当合理，事情就办不成；事情办不成，礼乐也就不能兴盛；礼乐不能兴盛，刑罚的执行就不会得当；刑罚不得当，百姓就不知怎么办好。所以，君子一定要确定名分，必须能够说得明白，说出来一定能够行得通。君子对于自己的言行，是从来不马虎对待的。"

【赏析】

在孔子的观念中，执政者若未能确立一个正确的指导思想，那么在行政过程中，宣传和动员的效果将会大打折扣；若宣传和动员不力，工作的推进将会困难重重；若工作无法顺利推进，构建一套完善的制度将成为空谈；而没有完善的制度，就无法实现赏罚分明，导致下属在执行任务时无所适从，无所适从又怎能做好工作呢？因此，孔子强调"正名"的重要性，即确立一个正确的指导思想，以此为先导，才能确保各项后续工作的顺利进行。

扩展知识

师徒分别

当孔子第四次踏上卫国的土地时，他受到了卫国大夫孔叔圉的热烈欢迎。他们深知孔子的智慧和眼光，因此诚恳地请求他举荐人才，以助卫国发展。孔子没有犹豫，他推荐了自己的得意门生子路，让他在卫国效力。几乎同时，孔子也再次受到故土鲁国的礼聘，这让他感到无比欣慰。于是，子路与孔子道别，留在了卫国。

看《论语》学成语

míng zhèng yán shùn
名正言顺 原义指名分正当，说话合理。后多指做某事名义正当，道理也说得通。

zhī zhī wéi zhī zhī
知之为知之 指做学问态度要端正，也指做人要诚实。

shǒu zú wú cuò
手足无措 指手脚不知放到哪儿好，常用于形容举动慌张，或无法应付。

子路的优点

虽然孔老师经常骂子路，但都是为了将子路引导到正路上。而且，孔老师对子路的夸赞也很多。

比如夸子路从不与人攀比。

论语说

【原文】

子曰："衣敝缊袍，与衣狐貉者立，而不耻者，其由也与！'不忮不求，何用不臧？'"子路终身诵之。子曰："是道也，何足以臧？"

——《论语·子罕》

【译文】

孔子说："穿着破旧的棉袍子，与穿着狐貉裘皮衣服的人站在一起而不觉得羞耻，大概只有仲由吧。《诗经》上说：'不嫉妒，不贪求，什么事情做不好呢？'"子路听了，从此常常念诵这句话。孔子又说："仅仅做到这个样子，又怎么算得上十足的好呢？"

【赏析】

孔子在教育学生时，总是针对不同学生的天赋和个性进行有针对性的指导。他对子路的优点给予肯定，但当看到子路一受到表扬就沾沾自喜、得意忘形、反复吟诵那句话时，便提醒他："仅仅达到这个程度，又怎能算是优秀呢？"孔子希望子路不要满足于当前的成就，要明白仅仅是不贪婪、不嫉妒是不够的，还应该树立更高远的志向，努力修炼更高的德行，成就更大的事业。

孔老师还夸过子路的工作水平。

别人判案，要听原告、被告两个人说完才能判。而子路判案，听一个人说完就能判了。

论语说

【原文】

子曰："片言可以折狱者，其由也与？"

子路无宿诺。

——《论语·颜渊》

【译文】

孔子说："根据单方面的供词就可以判决诉讼案件的，大概只有仲由吧。"

子路没有不及时兑现诺言的时候。

【赏析】

仲由仅凭"片言"便能"折狱"，这不仅展现了他在审理刑狱方面的卓越才能，更重要的是彰显了他的高度信誉。通常，审理刑狱案件需要听取原告和被告双方的陈述和供词，才能做出公正的裁决。然而，子路为人忠诚、果敢，行事果断，深受人们的信赖。在他面前，人们不会隐瞒真相或弄虚作假。因此，他仅凭单方面的陈述，便能够准确地判断案件的真相。

孔老师为了子路费尽了心思，夸一句，子路就上天，得紧接着骂一句，把他拉下来。

论语说

【原文】

子曰："道不行，乘桴（fú）浮于海。从我者，其由与？"子路闻之喜。子曰："由也好勇过我，无所取材。"

——《论语·公冶长》

【译文】

孔子说："如果我的主张行不通，我就坐木筏子漂到海上去。能跟从我的人，大概只有仲由吧！"子路听到这话很高兴。孔子说："仲由比我还好勇，但这是不足取的。"

【赏析】

孔子在评价子路时指出他“好勇”。这并不是说他喜欢好勇斗狠，而是形容他在处理事情时过于依赖血气之勇，不善于调控自己的情绪。简单来说，他性格比较冲动，行事急躁，缺乏自我约束。这种行事风格具有很大的危险性，稍有不慎就可能使自己陷入不利的境地。虽然果断和勇敢在为人处世中有时是必需的，但绝不能因此而轻率行事，置自己于危险之中。

孔老师选择子路陪伴出游，可能是因为子路在身边，会让他感到非常有安全感。虽然孔老师经常责备子路，但实际上也非常喜欢他。子路勇敢无畏、正直仗义、忠诚率直的个性，使他成为孔子最钟爱的学生之一。

看《论语》学成语

piàn yán zhé yù
片言折狱 意思是能用简单的几句话判决讼事。后指能用几句话就断定双方争论的是非。

结缨而死

前面提到，卫国发生了政变，蒯聩为争夺王位，寻求援助，于是找到他的姐姐伯姬，希望她的儿子——卫国权臣孔悝（kuī）能站在他这一边。

子路当时正是孔悝的下属。

孔悝虽有权，但并不支持蒯聩。于是，蒯聩和伯姬商议后，决定绑架孔悝，强迫他合作。

在这危急时刻，子路的忠诚和勇猛得以充分体现。他立即上前试图解救领导孔悝，与蒯聩及其手下展开了激战。

在混战中，子路的帽子不慎被打落。在那个时代，帽子也象征着礼仪。子路耳边仿佛响起了老师的教诲，于是他大声喊道："君子死而冠不免！"意思是："君子就算死也要穿戴整齐！"

在捡起帽子并重新戴好的过程中，子路不幸被敌人杀死。

对于子路的结局，孔子其实早有预感。他经常责备子路过于冲动，就是担心他会因过于勇猛而丧命。

然而，当子路的死讯

真的传来时，孔子还是难以承受这巨大的打击，长时间沉浸在悲痛之中。

子路对孔子充满了崇敬和恭顺，却仍然有自己的一方见地，从始至终不曾因孔子的才识而彻底“顺从”，他一直保持着一份如少年般的执拗，一生直且义。如果子路此时不“拾冠”，那在很久之前或许子路就不是那个在后人眼中有“万钟于我何加焉”之气概，能说出“利其禄，必救其患”的子路，而是会变成与孔子毫无“隔阂”，彻底对“子曰”盲从的子路了。

我与我周旋久，宁做我。

一字总结

子路的勇猛是被孔子认可的，自从子路成为孔子的弟子，他便如同那南山的竹子，前端装上了锐利的箭镞，后端插上了丰满的羽翎。他的人生轨迹因此发生了翻天覆地的变化，焕然一新。从子路的转变中，我们可以清晰地看到孔子教育的神奇力量，它如同点石成金，使子路的人生焕发出新的光彩，成为最鲜明的例证。

zǎi yú zǐ lù
宰予子我

深井难题

宰予，字子我，也称宰我，孔老师班里的刺头，知名抬杠爱好者。曾经把教学经验丰富的孔老师气到爆粗口。

有次上课时，子我向孔老师提出了一个问题。

论语说

【原文】

宰我问曰："仁者，虽告之曰'井有仁焉'，其从之也？"子曰："何为其然也？君子可逝也，不可陷也；可欺也，不可罔也。"

——《论语·雍也》

【译文】

宰我问道："对于有仁德的人，如果告诉他'井里掉下去一位仁人'，他是不是也会跟着跳下去？"孔子说："为什么要这样做呢？君子可以到井边去设法营救，却不能让自己陷入井中；君子可能被欺骗，但不可能被人愚弄。"

【赏析】

宰我的提问显然含有戏谑之意。他设定了一个陷阱：若井中有仁者，那么君子若不投身井中，便似乎显示其不爱仁；然而若真跳入井中，则又会陷入危境，无法自保。因此，无论回答跳或不跳，都正中宰我的下怀。但孔子何等睿智，一眼识破了这位弟子的狡黠与戏弄。他并未直接回应，而是巧妙地用反问来敲打这位自以为是的学生，提醒他君子不可被轻易戏耍。

孔老师认为，这个问题的核心并不在于是否跳井，因为盲目跳井不仅未必能救人，反而可能伤害自己，这显然是不明智的。他对君子的智慧与判断力有着充分的信心，深知君子绝不会陷入宰我所描述的那种两难境地。君子固然追求仁德，但他们同样具备审时度势的智慧，绝非愚蠢之辈。

论语说

【原文】

子曰：“知者不惑，仁者不忧，勇者不惧。”

——《论语·子罕》

【译文】

孔子说：“智慧的人不会困惑，仁德的人不会忧愁，勇敢的人不会畏惧。”

【赏析】

在儒家道德体系中，知、仁、勇被视为三大核心要素，它们不仅展现了仁的精神境界的多样性，更构成了君子品格的基石。

《礼记·中庸》指出：“知、仁、勇三者，天下之达德也。”智慧之人能洞察秋毫，明辨是非，因此不会陷入迷惑之境。仁者心怀天下，摒弃私欲，乐观豁达，顺应天命，故能远离忧患。勇敢之人则勇往直前，无惧挑战，见到正义便奋勇向前，所以他们无所畏惧。

孔老师教导我们，在拥有见义勇为的精神之余，更需配备明智的决策和行动，确保见义勇为时亦能智慧行事。

看《论语》学成语

见义勇为（jiàn yì yǒng wéi） 指看到正义的事情，就挺身而出，勇敢去做。

守孝之辩

有一次，孔老师与他的学生们说到葬礼。在那个时代，葬礼被赋予了极高的重要性。当父母离世时，子女需恪守三年的守孝期，其间需遵循诸多严格的规定。他们必须摒弃一切形式的娱乐，生活上也需极力俭朴，日常的穿衣、饮食等都要力求艰苦朴素。这样的生活方式，旨在确保子女所经历的痛苦远超过欢乐，从而深刻体现出他们对父母离世的沉痛哀思。

大家都沉浸在这种悲伤的氛围中时，子我举起手来。

“我觉得这件事不合理。”

论语说

【原文】

宰我问："三年之丧，期已久矣。君子三年不为礼，礼必坏；三年不为乐，乐必崩。旧谷既没，新谷既升，钻燧（suì）改火，期可已矣。"

子曰："食夫稻，衣夫锦，于女安乎？"

曰："安。"

"女安，则为之！夫君子之居丧，食旨不甘，闻乐不乐，居处不安，故不为也。今女安，则为之！"

宰我出。子曰："予之不仁也！子生三年，然后免于父母之怀。夫三年之丧，天下之通丧也，予也有三年之爱于其父母乎！"

——《论语·阳货》

【译文】

宰我问："父母去世，服丧三年，时间太长了。君子三年不讲究礼仪，礼仪必然败坏；三年不演奏雅乐，雅乐就会荒废。旧谷已经吃完，新谷已经登场，取火用的燧木已经轮换了一遍，服丧一年就可以了。"

孔子说："丧期不满三年你就吃大米饭，穿锦缎，对你来说心安吗？"

宰我说："我心安。"

孔子说："你心安，就那样去做吧！君子服丧，吃美味不觉得香甜，听雅乐不感到快乐，住在家里不觉得舒适安宁，所以不那样做。如今你既觉得心安，你就那样去做吧！”宰我出去后，孔子说：“宰予真是不仁啊！小孩生下来，到三岁时才能离开父母的怀抱。服丧三年，这是天下通行的丧礼。难道宰予对他的父母没有三年的爱吗？”

【赏析】

孔子确认的理由是孩子在父母的怀抱里完全享受了厚爱，因而为父母居丧三年，也完全是天经地义的。不过，父母的养育之恩，即使是守孝三年，甚至是十年、二十年，也是报答不尽的。宰我与孔子的丧期之争，在今日看来已经没有必要。与其拘于丧礼，不如心中寄托哀思；与其死后哀悼，不如生前孝敬。

扩展知识

丁忧守制

古代，父母去世，子女必须守孝三年，其间不能有任何娱乐活动，做官的人也必须离开岗位回家守孝。空缺的岗位会由朝廷安排人补上。等到守丧期满再由朝廷安排其他职位，但很多时候国家的岗位是供不应求的。所以大多数官员回家守孝三年后都一生没再被任用。

因此，很多舍不得自己官职的人对父母的离世瞒而不报，继续在任做官。如果被朝廷查到，会有很严重的惩罚，比如唐朝时有官员因为隐瞒母丧不上报，被判死刑。

如果是非常重要的岗位，不能回家丁忧的官员，需要皇帝亲自批准不用回家守孝，叫作“夺情”，最经典的案例就是明朝万历年间权臣张居正被夺情。

看《论语》学成语

礼崩乐坏（lǐ bēng yuè huài） 指封建礼教的规章制度遭到极大的破坏。

哀公问社

有一天，子我的领导鲁哀公问了子我一个关于“社”的问题。

论语说

【原文】

哀公问社于宰我。宰我对曰：“夏后氏以松，殷人以柏，周人以栗，曰，使民战栗。”子闻之曰：“成事不说，遂事不谏，既往不咎。”

——《论语·八佾》

【译文】

鲁哀公问宰我，供奉土地神应该用什么木材做神主，宰我回答：“夏朝时用松树，商朝时用柏树，周朝时用栗子树。（用栗子树的意思是）说使老百姓战栗。”孔子听到后，说：“已经做过的事不用提了，已经完成的事不用再去劝谏了，已经过去的事也不必再追究了。”

【赏析】

子我的这段话看似随意，实际上另有所指，在那个时期，鲁

国正处于激烈的内部争斗之中，而鲁哀公的力量显得尤为薄弱。因此，子我渴望国君能够仿效周朝的治国之道，通过武力的方式来结束这场鲁国内部的纷争。但孔子很生气，因为孔子一直倡导和平、反对战争，然而子我却鼓动君王发动战争。但是事情既然已经发生，孔子也只能无奈地叹息道：“你既然已经对别人说了，我现在再责备你也无济于事。”

扩展知识

“社稷”到底是什么

“社”表土地之神，“稷”则象征谷物之神。在中华农业文明的深厚土壤中，土地与谷物之神被视为最原始的崇拜对象，凸显了农耕文化的重要性。这两位神灵，一位赋予大地以生命力，滋养万物；一位则保证了粮食的丰收，养活了亿万民众。土地和谷物，作为人们生活的根本依托，自然而然地构成了古代中国立国与施政的基石。因此，“社稷”这一象征土谷神祇的词汇，经常被用来指代国家或政权。

看《论语》学成语

既往不咎（jì wǎng bù jiù） 原指已经做完或做过的事，就不必再责怪了。现指对以往的过错不再责备。

宰予昼寝

在古代，白昼的每分每秒都无比珍贵。因当时还没发明电灯，人们唯有依靠自然光照来进行阅读和学习。然而，随着夜幕的缓缓降临，四周逐渐被黑暗所笼罩，一切工作和活动都不得不被迫停止。

而叛逆的子我这天居然在白天睡大觉。孔老师听说之后非常生气，对子我破口大骂。

论语说

【原文】

宰予昼寝。子曰："朽木不可雕也，粪土之墙不可杇（wū）也；于予与何诛？"子曰："始吾于人也，听其言而信其行；今吾于人也，听其言而观其行。于予与改是。"

——《论语·公冶长》

【译文】

宰予白天睡觉。孔子说："腐烂的木头不堪雕刻，烂草加泥巴垒成的墙无法粉刷。对于宰予，还能再苛求什么呢？"孔子又说："以前我对人的态度，是听了他的话便相信他的行为；现在我对人的态度，是听了他的话还要观察他的行为。我是因宰予的表现而改变了对人的态度的。"

【赏析】

宰予因在日间沉睡而受到了孔子的严厉责备。然而，此事背后的深意远超表面所见。通过综合考量相关篇章的内容，我们可以推断出，宰予之所以受到孔子的责备，是因为他对孔子的学说抱有异见。此外，孔子亦借此机会阐明了一个重要的识人原则：要真正了解一个人，我们不仅要听他说了什么，更要看他做了什么。

孔老师一生倡导温、良、恭、俭、让，却被子我气到爆粗口。孔老师眼中爱学习的人应该像颜回一样。

论语说

【原文】

子曰：“君子食无求饱，居无求安，敏于事而慎于言，就有道而正焉，可谓好学也已。”

——《论语·学而》

【译文】

孔子说：“君子，不追求饮食的饱足，不追求居住的舒适，做事情勤劳敏捷，说话小心谨慎，亲近有德之人来匡正自己，这样就算得上好学了。”

【赏析】

孔子提出，真正的君子不应沉溺于个人的饮食起居，而应致力于勤勉工作，保持机敏与谨慎，并时常自我反省。他们主动寻求有德之士的指正，以确保自己的言行始终合乎道义。这些君子不为物欲所困，不贪图短暂的安乐，而是专注于实现有意义的目标和探寻真理。他们既展现了不懈的奋斗精神，又掌握了高效的学习方法，这才是真正热爱学习的体现。这番教诲不仅适用于孔子的学生，更是孔子自身一生追求学问的真实写照。

而子我的所作所为却正好相反。

尽管孔老师经常批评子我，却还是将他列入“孔门十哲”，成为言语科的代表之一，甚至在言语科中排在子贡前边。说明孔老师对子我的口才还是相当认可的。

看《论语》学成语

xiǔ mù bù kě diāo

朽木不可雕 指腐烂的木头不可以雕刻，比喻人不堪造就或局势不可挽救。

tīng qí yán ér guān qí xíng

听其言而观其行 指听了他的话，还要观察他的行为，看是否言行一致。

朴实之言

虽然子我的思维跳跃，让孔老师很是头疼，但子我对于孔老师的原则实际上清楚得很。

在一次外交活动中，孔老师委派子我前往楚国。楚昭王为表敬意，赠予了一辆装饰着象牙的豪华马车，并坚称这应作为孔老师的座驾带回鲁国。子我却回应道："我的老师生活俭朴，不会接受如此奢华的礼物。在他看来，那些外表华丽的东西往往内藏邪念。"于是，他婉言谢绝了这份厚礼。楚昭王听后不禁赞叹："今日方知孔子德行之深厚。"

子我完成使命返回鲁国后，向孔老师和同门叙述了此事。孔老师便问众弟子："你们认为子我的话说得怎么样？"子贡答道："子我虽未言尽老师的美德，但老师的美德本就深不可测，犹如天高海阔。"孔子听后却评论道："言语贵在诚恳，方能取信于人。子贡的辞藻虽美，却不及子我的朴实之言来得贴切。"

一字总结

宰予的卓越成就不仅赢得了师长的赞赏，更在后世赢得了广泛的尊崇。自他辞世之后，历代帝王纷纷追赠封号：唐玄宗时，他被追封为“齐侯”；到了宋代，又追封他为“临沂公”，后来再改称“齐公”；至明嘉靖年间，更是被尊称为“先贤宰予”，并得以配享孔庙。

宰予之所以在身后能获此殊荣，固然有赖于他的雄辩之才，但更根本的是因为他的率真性格。他心中有话直言不讳，有疑问便即求解，认定真理便坚持不渝。他的质疑与见解绝非无理取闹，而是源于他对儒家思想的深刻反思与旺盛的求知欲。这种品质，才是宰予真正价值的体现。

bǔ 卜
shāng 商
zǐ 子
xià 夏

过犹不及

卜商，字子夏，是孔老师周游列国时收的学生。孔老师主张中庸之道，关于“中庸”的程度，他曾经评价过两个弟子的言行。

论语说

【原文】

子贡问：“师与商也孰贤？”子曰：“师也过，商也不及。”

曰：“然则师愈与？”子曰：“过犹不及。”

——《论语·先进》

【译文】

子贡问：“颛孙师和卜商二人谁更优秀呢？”孔子说：“颛孙师有些超过，卜商有些赶不上。”

子贡说：“那么是颛孙师优秀一些吗？”孔子说：“超过和不足是一样的。”

【赏析】

“过犹不及”这一观念深刻地反映了儒家思想的核心理念——“中庸之道”。

宋代理学大师朱熹对此有过精辟的诠释：子张虽然才思敏

捷、志向远大，但他往往过于苛求，因此常常偏离了中庸之道；而子夏虽然诚实守信、严谨守规，但其视野略显狭隘，故又常常未能达到中庸的标准。

无论是“过”还是“不及”，都可能导致结果的巨大偏差。孔子在教导学生时，始终强调践行中庸之道的重要性，认为无论是过度还是不足，都同样不可取。

从孔老师的话里不难看出，子夏这个人是有些死板和内向的。

扩展知识

骄傲自满颛孙师

颛孙师，字子张，是孔子晚年的得意门生。由于常伴孔子左右，他得以频繁地向老师请益。然而，孔子也时常提醒子张要谦逊低调，不可过分自负。子张胸怀壮志，自信满满，总认为自己无所不能。他提出的问题极富深度，连孔子都要沉思片刻才能作答。

看《论语》学成语

过犹不及（guò yóu bù jí） 原义是做事过分就好比做得不够一样，皆不妥当，形容做事情要适得其中。

中庸之道（zhōng yōng zhī dào） 指不偏不倚、折中调和的处世态度。

子夏问孝

子夏曾经向孔老师请教过什么是“孝”。

论语说

【原文】

子夏问孝。子曰：“色难。有事，弟子服其劳；有酒食，先生馔，曾是以为孝乎？”

——《论语·为政》

【译文】

子夏问什么是孝。孔子说："侍奉父母时，最不容易的就是对父母和颜悦色。有了事情，儿女替父母去做；有了可口的饭菜，让父母先吃，难道这样做就可以算是孝了吗？"

【赏析】

在这段话中，"色难"一词尤为关键，它揭示了侍奉父母时难以长期维持和颜悦色状态的问题。众所周知，许多事情都可以勉强为之，但唯独人的面色难以伪装，因为神情是内心的真实反映。只有对父母怀有深厚而坚定的孝心，我们才能自然而然地流露出愉悦和温顺的神态。因此，如果我们能够在父母面前始终保持和悦的面色，那就可以称得上是真正的孝顺了。

子夏，作为文学科的典范，性格谨慎且含蓄，他对父母的崇敬之情深厚无比。因此，当子夏向孔老师提出问题时，孔老师的答复着重强调了"关爱"的重要性。唯有将尊敬与关爱融为一体，我们才能真正践行完整无缺的孝道。

四海之内皆兄弟

子夏有位同学叫司马牛，司马牛有一段时间很不开心，因为他没有兄弟。

论语说

【原文】

司马牛忧曰："人皆有兄弟，我独亡。"子夏曰："商闻之矣：死生有命，富贵在天。君子敬而无失，与人恭而有礼。四海之内，皆兄弟也——君子何患乎无兄弟也？"

——《论语·颜渊》

【译文】

司马牛忧愁地说："人人都有兄弟，只有我没有。"子夏说："我听说过：'死生命中注定，富贵由天安排。'君子做事肃敬认真，不出差错，对人恭敬，合乎礼仪，那四海之内，都是兄弟了。君子为什么忧虑没有兄弟呢？"

【赏析】

这句名言，实质上是儒家文化中仁爱观念的精髓所在。自古以来，中华民族一直倡导不仅要亲爱亲人、和睦邻里，更要推广到“泛爱众”的层面。这些思想和理念都强有力地印证了“四海之内皆兄弟”所蕴含的仁爱友善精神，已经深入人心，成为共同认知。

扩展知识

不存在的哥哥——司马桓魋（tuí）

其实司马牛有一个哥哥在宋国做官。

孔子在宋国期间，因言论触怒了当时掌权的司马桓魋。司马桓魋怀恨在心，试图在孔子讲学时把大树砍倒害死孔子。得知自己面临刺杀威胁后，孔子迅速离开了宋国。

司马牛，作为司马桓魋的弟弟，因其兄长的行为而感到不满，于是决定追随孔子学习礼仪之道。

后来，司马桓魋在宋国发动叛乱。消息传来，司马牛忧心忡忡。他再次向孔子请教如何成为君子。孔子告诉他：“君子坦荡荡，无忧无惧。”司马牛不解地问：“无忧无惧，这样简单就能成为君子吗？”孔子解释道：“内省无愧于心，若能如此，又有何忧惧？”

不久，司马桓魋的叛乱以失败告终，被迫逃往齐国。司马牛因有这样不仁不义的兄长而深感痛苦，整日郁郁寡欢。因此有了与子夏之间“四海之内皆兄弟”的交流。

看《论语》学成语

四海之内皆兄弟（sì hǎi zhī nèi jiē xiōng dì） 本义是天下的人都像兄弟一样，指亲如一家。

君子坦荡荡（jūn zǐ tǎn dàng dàng） 意思是君子光明磊落、心胸坦荡。

恭而有礼（gōng ér yǒu lǐ） 指恭敬又有礼节。

樊迟问仁

子夏因天赋异禀，入学不久便承担起帮助同学解答疑难问题的责任。

其中有一位同学名叫樊迟，他学习勤奋刻苦，然而成绩并不理想。尽管樊迟在学习能力上稍显不足，但他却怀有一颗积极好问的心。

有一天，樊迟向孔老师提问："老师，什么样才算是仁德呢？怎么样才算是聪明人呢？"

论语说

【原文】

樊迟问仁。子曰："爱人。"问知。子曰："知人。"

樊迟未达。子曰："举直错诸枉，能使枉者直。"

樊迟退，见子夏曰："乡也吾见于夫子而问知，子曰，'举直错诸枉，能使枉者直'，何谓也？"

子夏曰："富哉言乎！舜有天下，选于众，举皋陶不仁者远矣。汤有天下，选于众，举伊尹，不仁者远矣。

——《论语·颜渊》

【译文】

樊迟问什么是仁，孔子说："爱人。"樊迟问什么是智，孔子说："知道如何识别人。"

樊迟还是不明白。孔子说："选拔正直的人，安排的位置在邪恶的人之上，这样就能使邪者转为正直。"

樊迟从孔子那儿退出来，见到子夏说："刚才我见到老师，问他什么是智，老师说：'选拔正直的人，安排的位置在邪恶的人之上，这样就能使邪者转为正直。'这是什么意思？"

子夏说："这话说得多么深刻呀！舜拥有了天下，在众人中选拔人才，选了皋陶，不仁的人就被疏远了。汤拥有了天下，在众人中选拔人才，选了伊尹，不仁的人就被疏远了。"

【赏析】

这段话主要探讨了仁与智两大主题。在谈及仁时，孔子对樊迟的阐释似乎与其他场合略有差异，他强调仁即是爱人。然而，深入探究后可以发现，孔子在不同场合下对仁的解读其实都蕴含着一种内在的一致性。他所倡导的爱人理念，实际上融汇了古代的人文主义精神，使得仁成为其整个学说体系的核心与主旨。正如知名学者张岂之先生所精辟指出，儒学实质上就是仁学，仁体现了对人的深刻认识与发现。

在论及智时，孔子则主张要洞悉人心，善于识别并选拔有贤德的人才，同时排斥那些心术不正的奸邪之徒。然而，历史却往往残酷地揭示出，许多贤能之士并未得到应有的赏识与提拔，反而饱受压抑与排挤；而一些奸诈邪恶之徒却能扶摇直上，官运亨通。这充分说明，要真正实现智的目标，并不是一件容易的事情。

如果舜不辨忠奸，不慎将不肖之徒置于要职，那么，上层的腐败必将导致下层的沦丧，久而久之，清廉之士亦将被迫同流合污。最终，这股不正之风将席卷整个社会，形成难以挽回的颓势。

然而，值得庆幸的是，舜是一位英明的君主，他具备识人之明，能够将那些心怀正义、品德高尚的人才安排在关键职位上。这种做法被称为“举直错诸枉”，意味着将正直之人置于重要位置，以纠正歪风邪气。

在这样的环境下，那些原本心术不正的人不仅无法趁机为非作歹，反而会在良好的社会氛围熏陶下，逐渐改变自身的恶习，重新塑造一个正直的人格。这个过程被形容为“能使枉者直”，即引导那些误入歧途的人回归正道。

一字总结

农业先驱樊子迟

樊迟，也被称为樊须，字子迟，是春秋末期的鲁国人（也有一种说法是齐国人）。他是“孔门七十二贤”弟子中的重要人物，年纪比孔子小三十六岁。樊迟在孔子的教导下，继承了孔子的学说，并兴办私学，因此在儒家学派广受推崇的各个朝代都享有较高的礼遇。唐代赠予他“樊伯”的封号，宋代则封他为“益都侯”，到了明代更称他为“先贤樊子”。

樊迟注重农业和农作物的种植，这在历史上被认为具有进步意义。他认为农业是国家的基础，应该得到重视和发展。

切问近思

有一次，子夏在《诗经》中读到这样一句话：“巧笑倩兮，美目盼兮，素以为绚兮。”

论语说

【原文】

子夏问曰：“‘巧笑倩兮，美目盼兮，素以为绚兮。’何谓也？”子曰：“绘事后素。”

曰：“礼后乎？”子曰：“起予者商也！始可与言《诗》已矣。”

——《论语·八佾》

【译文】

子夏问孔子：“‘嫣然一笑是多么好看啊，黑白分明的眼睛多妩媚呀，粉白的脸庞打扮得多美丽啊’，这几句话是什么意思呢？”孔子说：“这是说绘画先有白底，然后再用色彩绘画。”

子夏又问：“这么说礼也是在有了仁德之心之后才产生的吗？”孔子说：“卜商啊，你真是能够发挥我的思想，现在可以开始和你谈论《诗经》了。”

【赏析】

子夏向孔子请教诗歌，他提出了一个观点：天生丽质的女子，无须过多妆点，只需一袭素衣，便足以动人。其中的深层含义在于，礼仪的外在形式虽然华美，但孔子的回应却更侧重于礼仪的内在实质，也就是其内容之美。子夏思维敏捷，言辞清晰，他立刻从中得到启示，由讨论诗歌进而理解了更深的学问。孔子对他的领悟力大加赞赏，认为他真正从“绘事后素”的道理中体会到了“礼后乎”的深意。这是用绘画作为比喻来阐释仁和礼的关系。孔子强调，外在的礼节仪式与内心的真实情感应当和谐统一，就像绘画一样，如果画布质地不洁白，就无法描绘出丰富多彩的图案。

子夏所言之意在于，“仁”乃人之内在修为，犹如构筑根基之石；“礼”则是外在展现之仪态，如同添饰其上之繁花。因此，只要我们不断提升内在之修养，礼数便会自然而然地由心而生，形之于外。

子夏能够充分吸收孔老师教的知识，还能将其举一反三，在于他的学习方式。

论语说

【原文】

子夏曰："博学而笃志，切问而近思，仁在其中矣。"

——《论语·子张》

【译文】

子夏说："博览群书并广泛学习，能坚守自己的志向，恳切地发问求教，多考虑当前的事情，仁德就在其中了。"

【赏析】

这句话勉励士人不仅要坚持自己的主张，而且要广泛学习，恳切求教，勤加思考，以达到仁德的境界。

孔老师强调学习旨在持续提升品德修养。正是基于这一理念，子夏才明言，只要践行上述教诲，仁德便会自然而生。

子夏为师

由于子夏的学习能力出众，同班同学有问题都会来问他，久而久之，他自己也有了人生目标，那就是和孔老师一样，做一个人民教师。

子夏堪称良师，其门下培育了段干木、吴起等一批出类拔萃的弟子。尽管如此，他们并未全然继承儒家思想，这或许缘于子夏在教授时持有的较为保守的态度。

论语说

【原文】

子游曰："子夏之门人小子，当洒扫应对进退，则可矣，抑末也。本之则无，如之何？"

子夏闻之，曰：“噫！言游过矣！君子之道，孰先传焉？孰后倦焉？譬诸草木，区以别矣。君子之道，焉可诬也？有始有卒者，其惟圣人乎！”

——《论语·子张》

【译文】

子游说：“子夏的学生们，做洒水扫地、接待客人、趋进走退一类的事，是可以的，不过这些只是细枝末节的事。根本的学问却没有学到，这怎么行呢？”

子夏听了，说：“唉，子游错了。君子的学问，哪些一定先传授？放在后面传授的就倦于教诲了吗？就好比草木一样，是区分为各种类别的。君子之道，怎么能诬蔑歪曲呢？有始有终地循序渐进，大概只有圣人吧！”

【赏析】

在种植植物时，我们必须有所区分，不能随意混搭。同理，教育学生时，我们也应该根据每个人的天赋和资质进行自然的分类。教育不能像雨水一样无差别地倾注下来，因为不同的学生，就像青菜和大树，对知识的吸收能力各不相同。因此，教育者必须根据学生的本质差异来因材施教。

从事教育工作的人，无疑都期望下一代能够茁壮成长。然而，基础教育的重要性不容忽视，它虽然侧重于知识的形态，但形态的教授同样至关重要。我们怎能轻率地否定它的价值呢？至于从生活教育迈向精神教育的更高境界，这并非我们所能轻易企及的。唯有圣人般的智者，才能引导学生迅速领悟“道”的精髓。

尽管这段话被视作子夏的辩解，我们仍可以从中窥见，子夏拥有一套独具特色的教学方法。

后来子张也点评过子夏的教学方法。

论语说

【原文】

子夏之门人问交于子张。子张曰："子夏云何？"

对曰："子夏曰：'可者与之，其不可者拒之。'"

子张曰："异乎吾所闻：君子尊贤而容众，嘉善而矜（jīn）不能。我之大贤与，于人何所不容？我之不贤与，人将拒我，如之何其拒人也？"

——《论语·子张》

【译文】

子夏的学生问子张应该怎么交朋友。子张说："子夏是怎么说的？"

答道："子夏说：'可以交往的就和他交朋友，不可以交往的就不和他交朋友。'"

子张说："这和我所听到的不一样：君子尊敬贤人，也能够容纳众人，称赞好人，怜悯无能的人。如果我是个很贤明的人，对别人有什么不能容纳的呢？如果我不贤明，别人将会拒绝我，我怎么能去拒绝别人呢？"

【赏析】

在交友之道上，同为孔子门下的子夏和子张，却持有不尽相同的观点。子夏性格宽厚，有时容易轻信他人，甚至被利用，为此孔子曾劝诫他学会适时拒绝。相反，子张则过于苛求，对人对事往往严格有余，宽容不足，于是孔子便耐心引导他学会宽容待人，多欣赏他人的优点，以此来拓宽交友的视野。子夏与子张在交友观念上的这种分歧，恰恰体现了孔子因材施教的教育理念。事实上，这两种看似相悖的观点都有其可取之处，并无绝对的对错之分，关键在于如何根据个人的性格特点和处世需求，找到最适合自己的交友之道。

为君子儒

孔子对子夏的领悟力寄予厚望，并经常提醒他，读书不应仅仅为了谋生糊口，而应将其作为提升道德修养和职业发展的人生阶梯。

论语说

【原文】

子谓子夏曰："女为君子儒！无为小人儒！"

——《论语·雍也》

【译文】

孔子对子夏说："你要做君子一样的学者，不要做小人一样的学者。"

【赏析】

孔子区分了“君子儒”与“小人儒”。朱熹对此解释道，“儒”指的是学者，即有学问或智慧的人。智者若能将才智运用于正道，便成为“君子儒”；若误用其才，则沦为“小人儒”。孔子对子夏的教诲正是要做君子儒，这也是我们在日常生活中应恪守的行为准则。

扩展知识

主笔写六经

孔夫子在游历诸国后重返鲁国，深感从西周到春秋时期的历史蕴含着丰富的智慧与知识，亟待整理与传承。然而，年逾古稀的他已不复当年之勇，精力日渐不支，急需一位得力助手共襄盛举。子夏，以其广博的学识、青春的活力与充沛的精力，脱颖而出，成为孔夫子心目中的不二人选。

随后，在两人的共同努力下，一套划时代的教材应运而生，后世誉之为“六经”。

《诗》中汇编了自西周至春秋中期的诗歌精华，《书》则收录了春秋以前的历史故事，《礼》详细阐述了春秋中期的社会礼仪之学，《易》呈现了西周时期的深奥玄学，《乐》则囊括了春秋中期之前的雅乐理论知识，而《春秋》则忠实记录了春秋时期鲁国的历史发展。

这套教材不仅汇聚了孔夫子与子夏的智慧结晶，更成为后世学子汲取先贤智慧、传承文化精髓的重要典籍。

一字总结

子夏对老师所授知识不仅能深刻领会，更能触类旁通；在行事上，他总是深思熟虑，行动谨慎。孔子辞世后的六七十年间，子夏在教育事业上的成就与影响力堪称卓越，无人能出其右。他在全面继承孔子教育思想的同时，又在教育目标、教学方法、历史学习的借鉴以及交友之道等方面进行了独到的创新与发展。子夏的教育理念不仅继承了孔子的智慧，更为后来的荀子以及《大学》《中庸》等经典著作的诞生奠定了重要基础，成为儒家教育思想传承与创新的关键人物。

yán yǎn zǐ yóu
言偃子游

慧眼独具

言偃，字子游，是孔老师的学生里为数不多的南方人。文学科代表人物，眼光独到，有发掘人才的能力。

在子游做武城长官时，孔老师问他最近有没有发现什么人才。

论语说

【原文】

子游为武城宰。子曰："女得人焉耳乎？"曰："有澹（tán）台灭明者，行不由径，非公事，未尝至于偃之室也。"

——《论语·雍也》

【译文】

子游做了武城的长官。孔子说："你在那里得到了人才没有？"子游回答说："有一个叫澹台灭明的人，从来不走小道捷径，没有公事从不到我屋子里来。"

【赏析】

这段话旨在赞扬澹台灭明那种坚守公正、守法且知道何事不可为的崇高品质。同时，它也体现出了子游在选拔贤才时所遵循的原则：即选择那些品行正直、诚实守信，能够公私分明的人。孔子对于发现和任用人才始终持有极为重视的态度。在那个社会急剧动荡、充满变革的时代背景下，各诸侯国竞相吸纳各类人才，尤其是那些能在争夺领土方面发挥重要作用的有能之士。然而，孔子所推崇的，却是那些不仅具备才能，更拥有仁德和正直品质的贤良之士。

后来的事态发展充分印证了子游独到的洞察力。当子羽被孔老师收为门徒之后，他勤奋苦读，历经多年的不懈努力，最终在三千弟子中脱颖而出，成功跻身于“孔门七十二贤”的行列之中。

扩展知识

人不可貌相——澹台灭明

澹台灭明，字子羽，孔子弟子，教育家，“孔门七十二贤”之一，唐封其为“江伯”，宋封其为“金乡侯”。

澹台灭明为人公正无私，有君子之才。他拜入孔子门下时，孔子因他相貌丑陋而不愿收其为徒，但因有碍于自己“有教无类”的主张，勉强收为弟子。后发现澹台灭明品德高尚、学风端正，于是感慨地说：“以貌取人，失之子羽。”

澹台灭明听从孔子的教诲，刻苦学习，并加强自身修养，终于学有所成，跻身于当时的知名学者之列。他到吴国讲学时，其门徒达三百之众，成为享誉大江南北的一代名师。

礼乐天下

孔老师十分推荐学生们去读《诗经》。

论语说

【原文】

子曰："小子何莫学夫诗？诗，可以兴，可以观，可以群，可以怨。迩之事父，远之事君；多识于鸟兽草木之名。"

——《论语·阳货》

【译文】

孔子说："学生们为什么不学习《诗经》呢？学《诗经》可以激发人的联想，可以提高人的观察力，可以使人懂得集体意识的重要性，可以使人懂得怎样去讽谏上级。近可以用来侍奉父母，远可以侍奉国君；还可以多知道一些鸟兽草木的名字。"

【赏析】

《诗经》作为我国古代诗歌的瑰宝，不仅是最早的诗歌汇编，是中国文学的光辉起点，而且在文学史上有多方面的开创，产生了深远的影响。孔子对《诗经》所蕴含的教化力量深表推崇。在儒家经典著作《论语》中，我们不难发现孔子屡屡借助《诗经》

的篇章来佐证其思想主张，并反复申述《诗经》对于塑造人生态度与行为的巨大影响，敦促弟子们积极学习《诗经》。此段文字，孔子再次重申了学习《诗经》的深远意义，从而全面而深刻地揭示了《诗经》在社会文化中的宝贵价值。

子游虽然在论语中露面的次数不多，但对于儒家文化的发展壮大功不可没。

作为一个在山东求学的南方人，子游突破了地域、方言等重重障碍，把儒家文化从山东宣传到了江浙地区。

在那个时代，没有现在这么发达的通信方式，文化传播相当困难，但子游坚持把《诗经》传播到百姓当中去。

后来孔子路过武城时，很远就能听见老百姓们在唱《诗经》的声音。

论语说

【原文】

子之武城，闻弦歌之声。夫子莞尔而笑曰："割鸡焉用牛刀？"

子游对曰："昔者偃也闻诸夫子曰：'君子学道则爱人，小人学道则易使也。'"

子曰："二三子！偃之言是也。前言戏之耳。"

——《论语·阳货》

【译文】

孔子到武城，听见弹琴唱歌的声音。孔子微笑着说：“杀鸡何必用宰牛的刀呢？”

子游回答说：“以前我听先生说：‘君子学习了礼乐就能爱人，普通人学习了礼乐就容易差遣。’”

孔子说：“弟子们，言偃说得对。我刚才说的话只是跟他开玩笑罢了。”

【赏析】

作为武城宰，子游“弦歌”治之无疑是正确的，孔子却故意同他开“割鸡焉用牛刀”的玩笑。当子游据理力争，以孔子往日对学生的教诲反驳今日之玩笑时，孔子坦率地肯定了子游的说法和做法，由此可见孔子性格之一斑。

“二三子，偃之言是也。前言戏之耳”是情理丰富的生花之笔。

看《论语》学成语

shā jī yān yòng niú dāo
杀鸡焉用牛刀 原义是杀鸡怎能用宰牛的刀？比喻做小事不必动用大的气力。

一字总结

子游的胸怀阔朗，明理识人，首先，他不以貌取人，独具慧眼地认识到澹台灭明的内在才华；其次，他积极教化武城百姓，引导他们吟唱《诗经》，以文化人。这些事迹不仅展现了子游的个人品质，更激励我们每个人都激发内在向上的力量，追求自我完善。同时，它们也昭示了整个社会应当有的明确发展方向。从子游身上，我们可以洞悉儒家思想的明确发展脉络，并汲取其中的宝贵智慧，为自我成长和社会进步提供指引。

孔子的思想

道德方面

孔子的道德思想以“仁”为核心，强调个体的品德。他认为人的本性是善良的，只有培养个人品德才能达到更高的道德境界。孔子强调要从自己做起，严于律己，宽以待人。他的很多道德思想，都可以作为现代社会中人们做人的准则。

论语说

【原文】

子曰："躬自厚而薄责于人，则远怨矣。"

——《论语·卫灵公》

【译文】

孔子说："多反思自己而少责备别人，那就可以避免别人的怨恨了。"

【赏析】

人际关系中难免出现各种矛盾和纠纷。因此，我们在与他人相处时应该更多地考虑对方的处境，站在对方的角度思考问题。当矛盾出现时，我们应该反思自己的行为，而不是盲目指责他人。自我检讨与严格要求自己，宽容与善待他人，是维系良好和谐人际关系所必需的原则。

在孔子看来，人和自然、社会是相互联系且相互作用的。他主张人道与天道、地道相会通，强调了人类应该尊重自然和社会秩序，并据此发展出其道德体系和社会制度。

论语说

【原文】

孔子曰："君子有三畏：畏天命，畏大人，畏圣人之言。小人不知天命而不畏也，狎大人，侮圣人之言。"

——《论语·季氏》

【译文】

孔子说："君子有三种敬畏：敬畏天命，敬畏高位的人，敬畏圣人的言论。小人不知道天命不可违抗，所以不敬畏它，轻视高位的人，侮慢圣人的言论。"

【赏析】

孔子认为一个人要怀有敬畏之心，方能成为言行高尚的君子。敬畏之心分为三种：对天命的敬畏，因为顺应自然规律即会获得幸福，违背则会受到不幸的惩罚；对有德有位者的敬畏，因为他们负责治理国家，位高权重，维护着社会的秩序，稍有差错即会影响整个社会；对圣人的敬畏，因为圣人的言论包含着不朽的真理，指引着人们应当追随的道路，背离将会带来灾祸，足以让人深感敬畏。

孔子的道德思想影响深远，传承至今。在现代社会，孔子的思想依然具有重要的现实意义。人们可以通过学习孔子的道德思想，培养出良好的品德，成为一个更完善的人。

孔子的道德学说是中华优秀传统文化的重要组成部分，也是人类普遍追求的价值理念。无论是个人层面，还是社会层面，都可以从中得到启示和指导，实现自身价值的提升和社会的和谐与稳定。

政治方面

孔子的政治思想以“礼”和“仁”为核心。在治理国家方面，他主张运用道德和礼仪来治理国家，这种方法被称为“德治”或“礼治”。这种治国方式严格遵循等级制度，将贵族和平民区分为统治者和被统治者。

论语说

【原文】

子曰：“为政以德，譬如北辰居其所而众星共之。”

——《论语·为政》

【译文】

孔子说："用道德来统治国家的人，就会像北极星一样处在一定的位置，所有的星辰都会环绕在它的周围。"

【赏析】

以德服人是指领导者以良好的德行使下属归顺、服从于自己的管理。这种以道德力量感化人民的政治手段，是孔子以礼治国的重要政治主张。"为政以德"的主张，无论是在处理国家政务方面，还是一般的人事管理方面，都有着同样积极的意义。

孔子追求的最高政治理想是建立一个"天下为公"的大同社会。在这个社会里，人们不仅亲近自己的家人，爱护父母和子女，而且相互尊重、关爱彼此，就像一家人一样。在这个理想社会中，老年人过上健康幸福的晚年生活，年轻人有机会展现自己的才能，孤独和残疾的人都能得到支持和依靠，男性有工作以供养家，女性有自己满意的归宿。这个社会没有阴谋诡计，也没有盗窃和混乱。它是一个理想化的传说般的尧舜时代原始社会的景象，也是孔子向往的最高理想社会。

孔子的最低政治目标是打造一个小康社会，让每个人都能亲近自己的家人，爱护自己的孩子，并通过工作或经商来维持自己的生活。尽管存在着贫富不均和社会等级，但借助法律制度和伦理道德的约束，社会可以实现和谐安定的状态。这个社会虽然不如“大同社会”那样完美，但是具备正常的秩序和以礼、义、仁、信为基础的价值观，因此被称为“小康”。

孔子的思想形成了一个复杂而完整的体系。在孔子之后，孟子和荀子分别继承并发扬了孔子的仁政思想和礼治思想，逐渐形成了儒家政治思想的庞大体系。孔子的政治思想也逐渐成为中国封建社会的正统思想，对中国封建社会的政治、经济、文化及中华民族的政治观念产生了深远影响，并对东亚、东南亚甚至欧洲产生了一定影响。

看《论语》学成语

北辰星拱（běi chén xīng gǒng） 意思是北极星高悬不动，群星四面环绕，旧时比喻治理国家施行德政，天下便会归附。后也比喻受众人拥戴的人。

经济方面

孔子的经济思想强调“见利思义”。在这里，“义”代表着社会道德规范，“利”则代表个人对物质利益的追求。孔子将“义”置于更加重要的位置，他要求人们在面对物质利益时，首先考虑如何符合“义”，然后再考虑获取“利”，而不是完全排斥“利”。

论语说

【原文】

见利思义，见危授命，久要不忘平生之言，亦可以为成人矣。

——《论语·宪问》

【译文】

见到利益能想到道义，遇到危险时肯献出生命，长期处在贫困之中也不忘平生的诺言，也就可以算是完人了。

【原文】

子罕言利与命与仁。

——《论语·子罕》

【译文】

孔子很少谈到利益、天命和仁德。

【原文】

义然后取，人不厌其取。

——《论语·宪问》

【译文】

符合道义然后有所取，别人就不厌恶他的取。

【赏析】

人们为了生存，为了解决衣食住行的问题，必然会追求利益。我们并非反对追求利益，而是要在追求利益时，首先考虑是否符合道义。我们应该取应该取的利益，而不应该取不应该取的，即先考虑道义，再考虑利益。

孔子还认为，从一个人对待“义”与“利”的态度，可以看出这个人是“君子”还是“小人”。君子懂得“义”的重要性，小人则更看重“利”。

论语说

【原文】

子曰："君子喻于义，小人喻于利。"

——《论语·里仁》

【译文】

孔子说："君子通晓义，小人只知道利。"

【赏析】

"君子喻于义"的"义"指的是公平、正义和大众的利益。君子深刻理解了义的真谛，并将"义"视为至高无上的准则，只有遵循义，才能实现个人品德的完善，走向崇高的人生境界。"小人喻于利"的"利"指的是私欲和私利。小人只懂得追求个人私利，而忽视义的重要性。他们只顾私利，将追逐财富视为生活的唯一目标，因此品德低劣，境界低下。

由于孔子持保守的政治态度，他在对待经济制度改革方面也表现出了保守思想。孔子提出了“民众若不富足，君王就不会富足”的理念。他主张只有对民众有利的事情才值得去做。同时，孔子也主张减轻赋税负担，避免耽误农时的徭役分配。此外，他还敦促当时的执政者不要过于奢侈，要注重节俭。从这些方面可以看出，孔子将“仁”的思想也应用到了经济领域中。

看《论语》学成语

jūn zǐ yù yú yì, xiǎo rén yù yú lì
君子喻于义，小人喻于利 意思是君子懂得的是道义，小人懂得的是利益。

jiàn wēi shòu mìng
见危授命 指在危急时刻勇于献出自己的生命。

教育方面

孔子最早提出：人的天赋素质相近，个体差异主要是因为后天教育与社会环境的影响。因此，每个人都有接受教育的可能性和应受教育的权利。他创办私学，招纳学生，打破了贵族对教育的垄断，将受教育的范围扩大到平民，符合当时社会发展的趋势。

论语说

【原文】

子曰："有教无类。"

——《论语·卫灵公》

【译文】

孔子说："人人都可以接受教育，不分（贫富、智愚的）类别。"

【赏析】

孔子在教育对象、教学内容和培养目标方面都展示了独特性。他办学反映了当时文化的下移趋势，打破了学习只在官府进行的局面。因此，我们可以说孔子是中国古代伟大的教育家，他开创了中国古代私学的先例，并奠定了中国传统教育的基本思想。

孔子的教育目的是培养从政的君子，而君子必须具有较高的道德品质，所以孔子强调教育必须把道德教育放在首要地位。

论语说

【原文】

子曰："弟子，入则孝，出则悌（tì），谨而信，泛爱众，而亲仁。行有余力，则以学文。"

——《论语·学而》

【译文】

孔子说："弟子们，在家里就要孝顺父母，出门在外要顺从兄长，言行要谨慎，要诚实可信，要博爱大众，亲近仁德的人。这样亲身实践之后，如果还有剩余的时间跟精力，就再去学习文化知识。"

【赏析】

孔子在办学过程中将培养学生的道德观念置于首要位置，而文化学习则次之。事实上，历史上任何阶级，无论是奴隶主阶级、地主阶级还是资产阶级，都将教育视为为政治服务的工具，特别重视学生的道德品行和政治表现，将道德放在知识之前，这是符合各阶级需要的。他们都希望培养适应本阶级要求的各方面人才。

孔子教学的主导思想是“学而知之”。在主张虚心好学、不耻下问的同时，强调学习与思考的结合，同时还必须将学到的知识运用于实际。

论语说

【原文】

子曰：“学而不思则罔，思而不学则殆。”

——《论语·为政》

【译文】

孔子说：“只学习却不思考，就会感到迷茫，只是思考而不学习，就会感到疑惑。”

【赏析】

孔子强调学习过程中学和思不能偏废。他指出了只学而不思的局限性，同时也揭示了只思而不学的弊端。他主张将学习和思考相结合。只有将学习与思考相结合，才能培养出有道德品质和学识的人。这种思想在今天的教育活动中仍然具有重要的价值和意义。

孔子教育学生要保持良好的学习态度，要谦虚好学，并且要经常进行复习。

论语说

【原文】

子曰："温故而知新，可以为师矣。"

——《论语·为政》

【译文】

孔子说："温习学过的知识，可以从中获得新的理解与体会，那么就可以凭借这一点去做老师了。"

【赏析】

孔子认为，不断温习所学过的知识，从而可以获得新知识。这一学习方法不仅在封建时代有其价值，在今天也有不可否认的适应性。人们的新知识、新学问往往都是在过去所学知识的基础上发展而来的。因此，温故而知新是一个十分可行的学习方法。

孔子还最早提出启发式教学，他指出教师应该在学生认真思考，并已达到一定程度时恰到好处地进行启发和开导，让学生深入理解学习到的知识，达到举一反三的效果。

论语说

【原文】

子曰：“不愤不启，不悱（fěi）不发。举一隅不以三隅反，则不复也。”

——《论语·述而》

【译文】

孔子说：“教导学生，不到他苦思冥想仍领会不了的时候，不去开导他；不到他想表达又找不到合适的言辞表达的时候，不去启发他。教给他一方面，如果他不能推知其他方面，就不要重复教他了。”

【赏析】

就教育方面而言，孔子反对填鸭式的教学方法。他要求学生具备举一反三的能力，在学生进行充分独立思考的基础上，通过启发和引导来教育他们。这种方法符合教学的基本规律，具有深远的影响，在今天的教学过程中仍然值得借鉴。

孔子是最早在教学实践中采用因材施教方法的教育家。他根据每个学生的具体情况，采用不同的教育方法，培养出了德行、言语、政事、文学等多方面的人才。孔子的教学不光是口头传授，更注重身体力行，以自己的榜样行为影响学生。孔子关爱学生，学生也非常尊敬他，师生关系非常融洽，他是中国古代教师的典范。孔子的教育活动不仅培养了许多优秀学生，也奠定了中国古代教育的理论基础。

看《论语》学成语

举一反三（jǔ yī fǎn sān） 指拿已知的一件事理去推知相类似的其他事理，比喻善于由此知彼，触类旁通。

有教无类（yǒu jiào wú lèi） 指教育不分高低贵贱，对哪类人都一视同仁。

历史方面

孔子对史书的整理以及他的修史思想对历史研究起到了积极的作用，值得后人去学习和借鉴。他以严谨的态度和渊博的知识奠定了史学思想的基础。

孔子强调修史必须极为谨慎，研究历史必须先学习并掌握大量的史籍，即言必有征。举个例子，在《论语·尧曰》中，他只谈到了尧、舜之后的历史，而没有涉及尧、舜之前的事情。这是因为当时关于尧、舜之前的历史资料非常有限，大部分只是口耳相传的故事。孔子对待修史工作的态度非常谨慎，而司马迁在创作《史记》时也表明了对这种修史态度的支持。

论语说

【原文】

子曰：“夏礼，吾能言之，杞不足征也；殷礼，吾能言之，宋不足征也。文献不足故也。足，则吾能征之矣。”

——《论语·八佾》

【译文】

孔子说：“夏朝的礼仪制度，我可以说一说，但是它的后代杞国现在施行的礼仪却不足以作为考证的证明；殷朝的礼仪制度，我能说一说，但它的后代宋国现在施行的礼仪却不足以作为考证的证明。这是由于文字资料和熟悉杞国和宋国的人不足的缘故。如果有足够的历史资料和懂礼的人才，我就能用其来作考证的证明了。”

【赏析】

尽管孔子对各时期的礼法了如指掌，但由于无法通过杞、宋两国现存的典籍和贤人来验证，他对古代礼仪持保留态度，不敢妄下论断。孔子的这种治学态度为后世树立了实事求是的榜样。这提醒我们，在做任何事情时都应该有充分的依据和证据，尤其是在进行学术研究时更应如此。

孔子的治史思想中强调了一个重要原则，即“直”。这意味着研究历史应当坚持实事求是，不仅要注重根据，还要知道自己所知和不知的边界。他坚决反对那些狂妄不直的人，而这种坚持不懈的主张也体现在他对待修史的态度中。

论语说

【原文】

子曰：“狂而不直，侗而不愿，悾悾而不信，吾不知之矣。”

——《论语·泰伯》

【译文】

孔子说：“狂妄而不正直，无知又不谨慎老实，表面上诚恳却不守信用，我不知道这种人怎么会这样。”

【赏析】

孔子对狂而不直、侗而不愿、悾悾而不信这几种品质深感厌恶。这是因为，这些品质与中庸的基本原则不相符，也不符合儒家一贯倡导的温和、善良、恭敬、节俭、宽容以及仁爱、义理、礼仪、智慧、信念的标准。因此，孔子表示难以理解会有人具备这样的品质。

孔子认为，周代文明的出现是在对夏、殷两代经验进行总结的基础上实现了前所未有的进步。历史并非倒退，而是不断前进、不断发展。尽管这种思想模糊不清，但它标志着中国史学史上进化论的宝贵起点。